Adriana Mattar Maamari
Organizadora

Novas Tendências para o Ensino de Filosofia

Campo histórico-conceitual, didático e metodológico
volume 1

Adriana Mattar Maamari
(Organizadora)

NOVAS TENDÊNCIAS PARA O ENSINO DE FILOSOFIA:
campo histórico-conceitual, didático e metodológico

Volume 1

EDITORA CRV
Curitiba - Brasil
2017

Copyright © da Editora CRV Ltda.
Editor-chefe: Railson Moura
Diagramação e Capa: Editora CRV
Revisão: Os Autores

DADOS INTERNACIONAIS DE CATALOGAÇÃO NA PUBLICAÇÃO (CIP)
CATALOGAÇÃO NA FONTE

M111

Novas tendências para o ensino de filosofia: campo histórico-conceitual, didático e metodológico. / Adriana Mattar Maamari (org.). – Curitiba: CRV, 2017.
174 p. (Série Novas Tendências para o Ensino de Filosofia – volume 1).

Bibliografia
ISBN 978-85-444-1605-1
DOI 10.24824/978854441605.1

1. Filosofia 2. Ensino de filosofia 3. Currículo de filosofia. 4. Educação
I. Maamari, Adriana Mattar (Org.). II. Título III. Série.

CDD 101

Índice para catálogo sistemático
1. Educação – filosofia 100

ESTA OBRA TAMBÉM ENCONTRA-SE DISPONÍVEL
EM FORMATO DIGITAL.
CONHEÇA E BAIXE NOSSO APLICATIVO!

2017
Foi feito o depósito legal conf. Lei 10.994 de 14/12/2004
Proibida a reprodução parcial ou total desta obra sem autorização da Editora CRV
Todos os direitos desta edição reservados pela: Editora CRV
Tel.: (41) 3039-6418 - E-mail: sac@editoracrv.com.br
Conheça os nossos lançamentos: www.editoracrv.com.br

Conselho Editorial:

Aldira Guimarães Duarte Domínguez (UNB)
Andréia da Silva Quintanilha Sousa (UNIR/UFRN)
Antônio Pereira Gaio Júnior (UFRRJ)
Carlos Alberto Vilar Estêvão (UMINHO - PT)
Carlos Federico Dominguez Avila (UNB)
Carmen Tereza Velanga (UNIR)
Celso Conti (UFSCar)
Cesar Gerónimo Tello (Univer. Nacional Três de Febrero - Argentina)
Elione Maria Nogueira Diogenes (UFAL)
Élsio José Corá (UFFS)
Elizeu Clementino (UNEB)
Francisco Carlos Duarte (PUC-PR)
Gloria Fariñas León (Universidade de La Havana – Cuba)
Guillermo Arias Beatón (Universidade de La Havana – Cuba)
Jailson Alves dos Santos (UFRJ)
João Adalberto Campato Junior (UNESP)
Josania Portela (UFPI)
Leonel Severo Rocha (UNISINOS)
Lídia de Oliveira Xavier (UNIEURO)
Lourdes Helena da Silva (UFV)
Maria de Lourdes Pinto de Almeida (UNICAMP)
Maria Lília Imbiriba Sousa Colares (UFOPA)
Maria Cristina dos Santos Bezerra (UFSCar)
Paulo Romualdo Hernandes (UNICAMP)
Rodrigo Pratte-Santos (UFES)
Sérgio Nunes de Jesus (IFRO)
Simone Rodrigues Pinto (UNB)
Solange Helena Ximenes-Rocha (UFOPA)
Sydione Santos (UEPG)
Tadeu Oliver Gonçalves (UFPA)
Tania Suely Azevedo Brasileiro (UFOPA)

Comitê Científico:

Andréia N. Militão (UEMS)
Diosnel Centurion (Univ Americ. de Asunción - Py)
Cesar Gerónimo Tello (Universidad Nacional de Três de Febrero - Argentina)
Elizeu Clementino (UNEB)
Francisco Ari de Andrade (UFC)
Helder Buenos Aires de Carvalho (UFPI)
Sonia Maria Ferreira Koehler (UNISAL)
Ilma Passos A. Veiga (UNICEUB)
Inês Bragança (UERJ)
José de Ribamar Sousa Pereira (UCB)
Lourdes Helena da Silva (UFV)
Lucia Marisy Souza Ribeiro de Oliveira (UNIVASF)
Maria de Lourdes Pinto de Almeida (UNICAMP)
Maria Lília Imbiriba Sousa Colares (UFOPA)
Monica Pereira dos Santos (UFRJ)
Najela Tavares Ujiie (UTFPR)
Ana Chrystina Venancio Mignot (UERJ)
Sérgio Nunes de Jesus (IFRO)
Vera Lucia Gaspar (UDESC)

Adilson Xavier da Silva (UFRJ)
Claudia Pereira do Carmo Murta (UFES)
Daniel Omar Perez (UNICAMP)
Élsio José Corá (UFFS)
Francisco Verardi Bocca (PUCPR)
Jorge Augusto da Silva Santos (Bento Silva Santos) (UFES)
José Euclimar Xavier de Menezes (UCSAL)
Josiane Cristina Bocchi (UNESP)
Marcelo Martins Barreira (UFES)
Patrice Vermeren (UNIVERSITÉ - PARIS 8)
Richard Theisen Simanke (UFJF)
Selvino Antonio Malfatti (UNIFRAN/RS)

Este livro foi avaliado e aprovado por pareceristas *ad hoc.*

APRESENTAÇÃO

Na presente obra, intitulada "Novas tendências para o Ensino de Filosofia: Campo histórico-conceitual, Didático e Metodológico", busca-se a conexão ao ambiente de trabalho do professor, tendo como ponto de partida os assuntos desenvolvidos em sala de aula, vislumbrando a transformação da sua prática e do processo de ensino e aprendizagem entre o professor e os seus alunos.

Procura-se apresentar o ensino de filosofia como questão filosófica de maneira sedutora, convidativa e plural. Como maneira controversa, aberta e rigorosa de pensar, a filosofia envolve uma tradição de pensamento e um modo específico de exercer o pensamento. O ensino de filosofia pode combinar ambas as dimensões. Desse modo, buscamos situar o ensino de filosofia. Além disso, evidencia-se o contexto escolar em que se coloca o ensino da filosofia na atualidade a partir da reflexão sobre a especificidade do ensino de filosofia na sociedade brasileira contemporânea. Pretende-se, assim, estabelecer uma perspectiva mais ampla sobre a situação da aprendizagem filosófica, seu papel e seus objetivos a partir da compreensão de seu lugar na sociedade.

Veremos ainda a apresentação, contraposição e debate acerca das principais estratégias metodológicas utilizadas pelos docentes de filosofia no ensino médio. A definição dessas estratégias costuma ser o elemento determinante da estruturação do trabalho em sala de aula, portanto é de fundamental importância que sejam apropriadas na elaboração dos cursos de Filosofia a serem oferecidos.

SUMÁRIO

PREFÁCIO 11

FILOSOFIA E LITERATURA:
a importância de ler os clássicos 13
Roberto Goto

METODOLOGIA DO ENSINO DE FILOSOFIA 41
Leoni Maria Padilha Henning

FILOSOFIA COMO DISCIPLINA ESCOLAR:
História, Políticas e Práticas Formativas 63
Adriana Maamari Mattar

DIDÁTICA DO ENSINO DE FILOSOFIA 105
Paula Ramos de Oliveira

FILOSOFIA DO ENSINO DE FILOSOFIA 125
Celso F. Favaretto

ANEXO: NOTAS SOBRE O ENSINO DE FILOSOFIA* ... 151
Celso F. Favaretto

LA ESCRITURA DE SÍ. TRADICIÓN, ACTUALIDAD Y SU
IMPORTANCIA PARA LA FORMACIÓN HUMANA 161
Andrea Díaz Genis

PREFÁCIO

A série Novas Tendências para o Ensino de Filosofia tem como objetivo atender a uma importante lacuna da atualidade que advém das necessidades cotidianas dos professores de filosofia no espaço da escola e da sala de aula, de modo a fortalecê-los no enfrentamento dos desafios postos por este trabalho. Parte-se da ideia de que o processo formativo do profissional da educação é aberto e para o seu fortalecimento é fundamental um trabalho de formação permanente.

Portanto, a série Novas tendências para o Ensino de Filosofia se configura em uma importante ação na perspectiva de se construir respostas para os desafios colocados na atualidade para a área, de modo a oferecer contribuições teórico-metodológicas que propiciem um ensino de Filosofia no Ensino Médio dinâmico, interativo, pautado no diálogo entre aluno e professor sobre a área de conhecimento, a escola e o mundo.

FILOSOFIA E LITERATURA: a importância de ler os clássicos

Roberto Goto
Professor de Filosofia da Educação da Unicamp[1]

Este é um tema cuja motivação e cuja justificação estão em seu avesso. Por que falar da importância de ler os clássicos, tanto na Literatura quanto na Filosofia, a não ser por que não se tem mais presente, de forma autossuficiente, tal importância? E isso remete, quase imediatamente, ao questionamento dos clássicos, isto é, à questão sobre se ainda há clássicos, se ainda existe a prática de se reconhecer e tomar alguns autores como clássicos, num sentido efetivo, concreto, realmente prático, não apenas em abstrato ou, digamos, em efígie.

A evidência é que, na prática – ou seja, justamente quando se trata de ler um clássico –, percebe-se que ele não existe em si e por si mesmo, não se sustenta nem anda sobre as próprias pernas. E se um clássico pode ou podia ser definido como um autor e uma obra que existem e se sustentam por si mesmos – isto é, justamente por conta de sua importância –, a conclusão que se impõe é que não mais existem clássicos.

---

1   Professor do Departamento de Filosofia e História da Educação (Defhe) da Faculdade de Educação (FE) da Unicamp. Dedica-se a estudos literários e filosóficos, envolvendo Metafísica, Antropologia Filosófica e Filosofia da Educação. Principais publicações: *Malandragem revisitada* (Campinas, SP: Pontes, 1988); *A letra ou a vida* (Campinas, SP: Ed. da Unicamp, 1992); *O escritor e o cidadão* (Campinas, SP: FE/Unicamp, 2006); *Nada além da malandragem?* (Rio de Janeiro: Multifoco, 2011); *A atitude macunaímica* (Jundaí, SP: Paco Editorial, 2012); *A palavra (é o) que resta:* para falar mal da literatura e outras falas (Campinas, SP: Arte Escrita, 2013). Graduado e licenciado em Filosofia pela Pontifícia Universidade Católica de Campinas (PUC-Campinas), em 1976, obteve o mestrado e o doutorado em Teoria e História Literária pela Universidade Estadual de Campinas (Unicamp), em 1987 e 1994, respectivamente. Em 2003, doutorou-se em Educação, também na Unicamp. De 1984 a 1986, lecionou em escolas da rede oficial do Estado de São Paulo; aprovado em concurso público no final de 1986, ministrou Filosofia no ensino médio até 2004, a partir de 1989 na escola estadual Culto à Ciência. Atualmente é professor doutor ms-3 da Universidade Estadual de Campinas, dedicando-se principalmente aos seguintes temas, áreas e suas inter-relações: educação, filosofia, antropologia filosófica, literatura.

Talvez esse seja um desses truísmos que passam despercebidos, mas não deixam por isso de ser perfeitamente óbvios, pois é fácil notar que ninguém se sente impelido ou obrigado a ler a obra de um autor porque ele é classificado como clássico. É exatamente o que ocorre com a leitura dos clássicos escolares. "Por que devo ler José de Alencar e Machado de Assis?", o aluno pergunta. Se o professor responde "porque são clássicos da Literatura Brasileira", isso não convence ninguém, é o mesmo que nada dizer. "E daí?", replica o aluno. Quaisquer que sejam as explicações do professor, no intento de justificar a presença antológica desses autores no programa da disciplina, elas cairão no vazio, não terão nenhum impacto na disposição – melhor dizendo, indisposição – do aluno frente à leitura de um clássico e de nenhuma forma impedirão que ele, mais à frente, depois de ler (ou de fingir que leu) o tal clássico, destile toda a bílis acumulada nessa, digamos, experiência.

Cito, a propósito, depoimentos de dois alunos de nível médio, colhidos no início da década de 1990. Um rapaz, do terceiro ano do então Segundo Grau, depois de ter lido *Dom Casmurro*, disse achar Machado de Assis "um chato". E uma mocinha, do segundo ano do então curso de Magistério – que formava professores de educação infantil e das primeiras séries do primeiro grau – (des)qualificou José de Alencar, de quem tinha lido *Senhora*, como "uma bosta"...

Hoje – e, como se vê, já faz décadas – dizer que um autor é um clássico não carreia automaticamente nenhum respeito, nenhuma admiração, nenhuma consideração pelo autor e por sua obra nem evita que eles sejam virados pelo avesso em termos de valor e importância por aqueles mesmos que foram levados a ter algum contato com eles. Em resumo, a palavra "clássico", efetivamente, na linguagem comum e/ou no seu uso cotidiano, não implica o significado nem imediato nem mediato de algo a ser reverenciado e preservado, cultivado e cultuado.

Qual é o ambiente que o clássico respira, na realidade? Qual é o cenário do drama ou da tragicomédia representada pela leitura dos clássicos? Muito certamente, como se percebe, o de terra arrasada. Particularmente, lembra-me versos de dois poemas de Carlos Drummond de Andrade. Um deles é "A flor e a náusea":

> O tempo é ainda de fezes, maus poemas, alucinações e espera.
> O tempo pobre, o poeta pobre
> fundem-se no mesmo impasse.
> Em vão me tento explicar, os muros são surdos (ANDRADE, 1973, p. 78).

O outro é "Beethoven":

> Meu caro Luís, que vens fazer nesta hora de antimúsica pelo mundo afora? (ANDRADE, 1978, p. 82).

Talvez não seja o caso preciso de um entorno antimusical mas, antes, de não musical, de *amusical*, inclusive no sentido de que, se o clássico ainda invoca a musa e se investe como seu porta-voz, o que ele encontra hoje ao redor é um ar isento de qualquer inspiração musical, ou seja, do qual as musas todas se ausentaram, expulsas que foram provavelmente pelos ídolos da massa, os quais ou não têm musas ou se consideram superiores a elas, a ponto justamente de se exibirem como seus substitutos e exterminadores. De toda a forma, não há mais clima para musas, não há música – nem talvez na forma de antimúsica...

> que vens fazer, do longe de dois séculos,
> escuro Luís, Luís luminoso
> em nosso tempo de compromisso e omisso?
>
> Do fogo em que te queimaste,
> uma faísca resta para incendiar
> corações maconhados, sonolentos,

servos da alienação e da aparência? (ANDRADE, 1978, p. 83).

Avançamos – ou retrocedemos – assim para os pressupostos de nosso tema. Falar sobre a importância de ler os clássicos pressupõe e implica tratar das adversidades e contrariedades com as quais essa leitura se confronta cotidianamente, sistematicamente, já não como a pedra do poema célebre de Drummond, "No meio do caminho", pois a pedra, no caso, está em qualquer ponto do percurso e não é casual nem representa algum incidente fortuito do caminhar. Por isso mesmo, o entorno adverso pode ser divisado em círculos concêntricos e assim analisado, ou seja, considerado em suas partes e/ou camadas.

Primeiro círculo

O círculo mais amplo ou extenso, que contém os demais, é o da *cultura de massa*. Cabe falar, em seu caso, que o obstáculo que ele antepõe à leitura dos clássicos é da ordem da *atitude*, incidindo de forma direta e letal sobre o *ler*. Talvez nada seja tão contrário e nocivo à leitura propriamente dita, na cultura de massa, que a decodificação que, nela, passa por "leitura" e se institui e se reproduz como hábito.

Em que consiste essa decodificação? Consiste na conversão quase automática dos signos em imagens e sensações mais ou menos estereotipadas, que todos são capazes de sentir e reproduzir – daí porque essa leitura, praticada e vivida como consumo, é, quase sempre, complementada por ações e sentimentos de participação, de pertencimento à massa, de fazer parte de um todo. Aliás, nesse caso lê-se algo porque todo o mundo o está lendo – não por acaso, é um *best seller* – e procura-se a todo o custo ver e sentir no que se lê o que todo o mundo vê e sente.

Esse processo reduz-se basicamente à decodificação do enredo; quer-se chegar logo ao fim, para saber como as coisas terminam, como se dá o desfecho da trama. Os elogios são feitos na forma de frases como: "Li de uma só sentada"; "Não consegui parar de ler"... A avaliação é quantitativa, o prazer está ligado à quantidade de emoções que a decodificação fez o decodificador viver; daí ele vai partir para outro livro da série e/ou do mesmo autor, produzido nos mesmos moldes, com promessas de sensações e emoções semelhantes, dos quais o decodificador tomará novas doses.

Em que consiste, por sua vez, uma leitura que, na falta de melhor palavra, podemos chamar de artística, ou seja, que leve na devida consideração a arte do escritor? Não é justamente essa a leitura de que se faz merecedor um clássico, na justa medida em que, se ele se tornou clássico, o foi por conta de sua arte, a arte da palavra? Trata-se de uma leitura que frequentemente se interrompe, que faz pausas – algumas vezes para o leitor meditar e ponderar sobre o que acaba de ler, outras para aprofundar a assimilação ou refinar a degustação das palavras, imagens e ideias, outras ainda para dialogar com personagens.

Em tal caso, chegar ao fim da trama é bastante ou absolutamente secundário; importa mais enredar-se nas relações, demorar-se na apreciação da contextura, dos elementos e efeitos da arte literária tal como praticada e realizada pelo autor. Daí é que pode advir – e advém efetivamente – a fruição da leitura como prazer propriamente estético, o qual ocupa o extremo oposto ao da curtição embutida naquela decodificação, na medida em que só emerge a partir de um trabalho de desvendamento de signos que não se abrem automaticamente, não revelam seus segredos imediatamente à primeira visada.

Ademais, essa leitura – que podemos considerar como leitura propriamente dita, não mera decodificação – supõe e implica a autonomia do leitor nesse sentido mais essencial de constituir-se como subjetividade livre ante outra subjetividade livre. É aí – apelemos para a expressão popular – que a porca torce o rabo, pois essa autonomia não é só trabalhosa como exige uma certa audácia, talvez mais forte que a preconizada por Kant. Não se trata apenas de ousar saber, mas de ousar ser – ousar ser o que se é para dialogar com um outro, alguém que é diferente do que se é. É como se o texto apelasse ao leitor nesses termos: vem, interpreta-me, decifra-me; não sejas uma maria-vai-com-as-outras; não tenhas medo de encontrares em mim o que ninguém mais encontrou, e de não achares o que todo o mundo diz ter achado – ousa ser tu mesmo...

É curioso toparmos, como professores, com a seguinte situação: o aluno demanda e reclama autonomia na interpretação de textos; revolta-se quando alguém dá mostra de querer impor pontos de vista, na medida em que pretende que sua interpretação valha o mesmo que outras; contudo, não raramente, ele abre mão de sua interpretação, trocando-a por interpretações já prontas, que ele copia ou reproduz e apresenta como se fossem suas. Esse é o caso dos manjados resuminhos de obras literárias que o vestibulando "lê", imaginando que com isso conheceu as obras – não fazendo mais, evidente e efetivamente, que tomar contato com uma das interpretações possíveis delas –, e com os famigerados "trabalhos" acadêmicos sugados da internet, como outrora eram recortados das enciclopédias impressas.

Ficam patentes nesses casos não só a comodidade e a malandragem, mas essa ausência absoluta da ousadia de ser, a contraditória abdicação da autonomia que é tão reclamada pelo indivíduo quando é de seu interesse – contraditória, é lógico, porque justamente quando se requer do sujeito que ele ande e corra com as próprias pernas, ele foge da raia e vai buscar e pegar para si muletas, andadores, cadeiras de rodas, embora disponha do movimento das pernas.

Essencial na leitura dos clássicos, essa autonomia é que possibilita ao leitor aproximar-se de sua riqueza e explorar sua fonte: o caráter multifacetado, proteiforme dessas obras. Por ela se percebe que um clássico, longe de ser um fóssil cristalizado pela tradição, revive a cada leitura, ganhando novas cores, novos aspectos, inclusive à custa de críticas.

Essas só conseguem qualificá-lo – justamente como algo vivo. No entanto, o que ocorre quando se tenta enfiar um clássico numa decodificação como as que se praticam com os produtos da cultura de massa, o que se tem é desqualificação e morte, sintetizadas naquela palavra escatológica de cinco letras... O imperativo é o da "curtição". Não se cogita, absolutamente, do direito da obra de desafiar o "curtidor", o consumidor. Pelo contrário, é ele que a desafia, é ele a esfinge: "divirta-me". Mas ela não o diverte, não o entretém, portanto é chata, é uma bosta...

A "curtição", a leitura como consumo, não é compatível com a leitura como diálogo entre consciências e como fruição do prazer propriamente estético. A cultura de massa é um meio ácido para a fruição dos clássicos: por esse mundo afora, em que se busca e se prefere projetar e exibir egos no lugar de tentar assumir e suportar o peso das próprias individualidades, com suas insuficiências, deficiências e incompetências nada charmosas, Beethoven se dissolve na não música, mesmo e sobretudo quando é tocado para multidões espetaculares, pois não se ouve, não se sente verdadeiramente Beethoven quando se aplica às suas músicas o mesmo ouvido que persegue avidamente o consumo dos sons irradiados pela indústria fonográfica, que embalam as massas e movem as modas.

Ouvir Beethoven como experiência estética, dialogar com sua música, supõe e exige uma sensibilidade que se predisponha a despir-se da expectativa da "curtição", da ansiedade de encontrar e apropriar-se de emoções e sensações estereotipadas e massivas, para colocar-se então, nua, precária, fragilizada, mas inteiramente ela mesma, sem querer ser ou parecer outra coisa, ante o risco e o gozo de viver e sustentar o *pathos* musical – quando então pode abrir espaço (abissal, talvez) para o sujeito sofrer sua individualidade como coisa irremediavelmente sua, da qual não pode se livrar, mesmo que a escamoteie, e como terra também irremediavelmente ocupada, tomada, avassalada pelo poder vertiginoso da música.

O sentido dessa experiência é inverso ao da audição como consumo, como "curtição", na medida em que a individualidade não se dissolve na massa, no inconsciente massivo, mas se exprime e se expande numa região – a da dimensão estética – que propicia tanto o estranhamento do mundo comum e prosaico quanto um senso solitário de comunhão, o sentimento de carência e de necessidade de uma harmonia que não existe por esse mundo afora a que se refere o poema de Drummond, a perspectiva e/ou a esperança de "outros modos de viver", deixando adivinhar "outros modos de sentir [...], existências mais delicadas e até certo luxo de alma", como diz o narrador de *A hora da estrela*, de Clarice Lispector (1988, p. 59), ao descrever o que a personagem Macabéa sente ao ouvir pela Rádio Relógio a ária *Una furtiva lacrima*, da ópera *L'elisir d'amore*, de Gaetano Donizetti.

Para ouvir – ou melhor, para aprender a ouvir – Beethoven e outros clássicos de semelhante gabarito, é necessária uma educação da audição e dos sentidos de modo geral, educação que pressupõe como condição a possibilidade de escolha, a qual por sua vez depende da oferta de opções. Contudo, quantas emissoras de rádio e de televisão transmitem esse e outros tipos de música, além dos que ocupam sua programação de forma quase onipresente? Das milhares de horas que as emissoras dedicam à difusão de música, quantas são reservadas a essa música chamada clássica ou erudita? Como pode então alguém dizer que gosta ou que escolheu gostar desse ou daquele tipo de música se não lhe foi proporcionada a oportunidade ou a possibilidade de entrar em contato com a obra de um Bach, de um Mozart, de um Beethoven, de um Mahler, de um Richard Strauss, mesmo de um Schoenberg? De que opções ele dispôs para fazer sua escolha e formar o seu gosto? Como se deu a formação desse gosto: com autonomia ou num processo de maria-vai-com-as-outras, ou seja, de juntar--se ao rebanho, de fundir-se à massa? Nesse gosto, onde está a individualidade? O ouvinte gosta mesmo da música de que diz gostar ou gosta de estar *in*, de estar por dentro e de concordar com aquilo de que a massa gosta e aceita e engole como moda? Que liberdade se inscreve e se agita nesse gosto?

Segundo círculo

Tão complexa quanto a formação de um gosto musical e a educação dos sentidos de modo geral, deve ser, certamente, a aprendizagem que possibilita a leitura dos clássicos – aprendizagem que normalmente demanda a presença da escola ou conta com ela. Pois onde mais, além de certos e raros ambientes familiares, alguém pode entrar em contato com eles, ter acesso às suas obras, ou pelo menos ser lembrado de sua existência?

Contudo, também aí o espaço é solapado por influxos da cultura de massa, daquela antimúsica denunciada pelo poeta, e a leitura dos clássicos encontra obstáculos e inimigos imprevistos e insuspeitados. Topamos assim, mesmo sem a condução de um guia como Virgílio, com o segundo círculo do inferno do clássico. Ele se chama *Discurso do Politicamente Correto* e tem duas faces, uma censória e outra purista.

Comecemos pela segunda: herdeira das *patrulhas ideológicas*, guarda uma leve e difusa coloração esquerdista, projetando sobre os autores e obras a sombra da sentença condenatória – "isso é burguês"... Por exemplo, a música de Beethoven, assim como toda a música clássica ou erudita – os neopatrulheiros não duvidam –, é burguesa... Em que sentido: de quem ouve ou de quem produz? Isso significa que, além de o próprio Beethoven ter sido um burguês, burgueses foram os que financiaram sua obra e sua carreira, assim como são burgueses os que ouviram e ouvem sua música? Afinal o que é ser burguês, em que consiste uma música burguesa? Há uma música proletária, composta por compositores proletários? Em que consistem, tanto a música quanto os compositores proletários? Uma música burguesa pode ter como ouvinte um proletário, ou ele, só por ouvi-la, se converterá num burguês?

Um compositor proletário que enriqueça com sua música, graças aos milhões de cópias vendidas, e que então invista o que ganha no mercado de capitais e se torne portanto um capitalista, deve passar a ser considerado um burguês ou continua sendo proletário? E sua música: torna-se burguesa ou permanece proletária? Por outro lado, se um ouvinte é burguês e gosta de outro tipo de música que não a clássica ou erudita, achando Beethoven e companhia uns chatos, esse ouvinte burguês, por só ouvir uma música, faz com que ela se torne burguesa?

As respostas são vagas e incompletas; acrescentam ao "burguês" o "elitista" e por vezes, como já ouvi, o "nazista" – ou seja, desse ponto de vista quem gosta desse tipo de música e frequenta seus concertos é uma elite endinheirada e/ ou nazista. A "prova" estaria no alto preço das apresentações, proibitivo para as multidões – argumento que os anúncios de orquestras, instrumentistas e conjuntos musicais, com ingressos gratuitos ou bem inferiores aos de exibições dos ídolos da massa, vivem a refutar. Ídolos, a propósito, que em sua quase totalidade acumulam capitais multimilionários ou multibilionários e mesmo assim continuam lucrando com suas imagens de astros *pop* antiburgueses, o que significa que o fato objetivo de esses ídolos serem efetivamente grandes burgueses, como categoria socioeconômica do capitalismo, não contamina suas produções, que ideologicamente não são tachadas de burguesas por seus ouvintes e fãs.

Já à música clássica, entretanto, não se oferece benefício análogo: implícita na sua condenação como música burguesa dorme a ideia de que seu conteúdo contamina o ouvinte, pondo-o em risco de contrair, digamos, a doença do "burguesismo" – ideia que tanto pode ser classificada como de inspiração esquerdista, remetendo aos princípios e dogmas da "Revolução Cultural" chinesa, capitaneada pelo chamado "bando dos quatro" com o beneplácito do "timoneiro-mor" Mao Zedong (cujas repercussões no campo artístico podem ser aquilatadas no filme *Balzac e a costureirinha chinesa*, dirigido por Dai Sijie), quanto pode lembrar a política cultural dos nazistas, que proibiram os judeus de frequentar as audições públicas de músicas compostas por alemães tidos por puros, como Richard Wagner, deixando-lhes como opção ouvir a música de Mendelssohn, alemão de origem judaica (o que se pode conferir no documentário *Mendelssohn, os Nazistas e Eu*, de Sheila Hayman). A ambos os casos é comum a noção de contágio, ideológico num e racial noutro, os nazistas não oferecendo mais que o outro lado da moeda – os judeus contaminariam com sua presença a música da pura raça "ariana", assim como a música burguesa contaminaria seus ouvintes e executores, os quais, para serem descontaminados, libertados dessa cultura, deviam ser reeducados segundo os valores da sociedade camponesa e proletária[2].

Mais ampla que essa face purista é a face censória do Politicamente Correto, que se estende por todo o espectro ideológico-político, da extrema esquerda à extrema direita, e cujo procedimento – ou *modus operandi* – garante sua inserção e sua operação ou funcionamento, sem dificuldade, sem conflito, no círculo maior da cultura de massa. O que caracteriza tanto esse *modus operandi* quanto seu objetivo é o simplismo; os sujeitos ou agentes do Politicamente Correto perseguem e figuram o mundo como uma realidade sem meios-termos, sem nuances, constituído e dividido entre o bem e o mal, o certo e o errado. Como novos cruzados, sua missão é corrigir o errado, denunciar, condenar e se possível eliminar o mal. Envergam o heroísmo nos moldes do da Guerra Fria, já que combatem num mundo dividido em blocos, mas num contexto pós-Guerra Fria, o que lhes dá a vantagem de não precisarem se sujeitar a compromissos com essa ou aquela ideologia, tendência ou facção política. Estão, ao contrário, acima de todas. Também

---

2   Numa cena em que a sanha antiburguesa acaba ridicularizada, logo no início do filme de Dai Sijie, os "reeducandos" contornam as pressões quando têm a presença de espírito de reintitular de "Mozart está pensando no presidente Mao" o minueto do Divertimento nº 17, K. 334, que um deles, obrigado pelo chefe da comuna, toca para a plateia aldeã.

não precisam se angustiar com escolhas e deliberações, pois basta-lhes aplicar o código, implementar unanimidades.

O guardião do Politicamente Correto é proativo e assertivo no cumprimento de sua cruzada; a certeza do acerto e da legitimidade de sua missão lhe é fornecida pelo caráter de suas ações, precisas e técnicas como intervenções cirúrgicas ou como a proclamação de uma sentença judicial. Nisso consiste a leitura tal como ele a pratica: sonda e esquadrinha o texto à procura do pecado, do crime; ao encontrá-lo, denuncia-o, aplica o diagnóstico, para em seguida ditar a sentença condenatória. Por exemplo, ler Monteiro Lobato, para ele, significa incriminar o autor: "Estão vendo como ele é racista?!" Ou Shakespeare: "Veem como ele é machista?!" Ele não distingue entre autor, narrador e personagens, assim como não diferencia a veiculação de preconceitos da sua representação artístico-literária, não raramente num registro irônico. O guardião do Politicamente Correto desconhece ironias, ambiguidades, ambivalências, expressões equívocas ou multívocas, precisamente porque seu mundo é simplista, feito de imagens e categorias chapadas, em preto e branco, e assim é que, segundo ele, deve ser imposto, inscrito na realidade: preto no branco...

Esse tipo de leitura, convém lembrar, não deve ser confundido com a crítica ideológica, uma forma de leitura que leva na devida conta as diferenças e nuances que habitam o texto, na medida mesma em que nele busca as ressonâncias da ideologia de seu tempo e as marcas das ideologias políticas que o permeiam. A leitura ideológica ajuda a compreender a obra ao explicitar as raízes que ela deita no solo cultural e que explicam, então, sua orientação ideológica. A leitura praticada pelo paladino do Politicamente Correto rejeita *in limine* essa tentativa de compreensão e explicação. Seu interesse concentra-se em carimbar os autores e suas obras com um selo censório, em termos de *pode* e *não pode*. Por exemplo, ao expor o que o personagem *Raciocínio Justo* diz do personagem *Raciocínio Injusto*, na comédia *As Nuvens*, de Aristófanes, o professor *não pode* usar a palavra "bicha", como consta na tradução assinada por Mário da Gama Cury... Foi o que, há alguns anos, em plena aula da disciplina Filosofia e História da Educação, oferecida como requisito para a obtenção de licenciaturas em todas as áreas, das Exatas às Humanas, me disse uma aluna, então concluinte do curso de História. "Você *não pode* usar essa palavra", ela me interrompeu. Tentei explicar, replicando que não fazia nada além de expor o que diz um personagem de uma peça escrita e encenada há cerca de dois mil e quinhentos anos. Levantou-se então uma onda de questionamentos e cobranças, capitaneada pela aluna e que passou a ser surfada, se é possível dizer assim, por vários de seus colegas – onda que só cessou quando protestei: nem nos piores anos da ditadura militar, no período iniciado pela edição do Ato Institucional nº 5, cheguei a constatar ou a sofrer tamanha censura...

Com efeito, retome-se e confirme-se o que consta nos anais da História como truísmo: a censura aplicada pelo regime militar era mesmo burra, de um lado porque só identificava e barrava, com certo automatismo, o que estava à vista – daí porque seus agentes chegaram a recolher exemplares do romance de Stendhal, *O Vermelho e o Negro*... Por outro lado, como se pode notar, era desempenhada por amadores, que deixavam passar muita coisa não tão evidente, escrita nas entrelinhas. Daí a invenção e a prática, por intelectuais e artistas, de discursos cifrados, para burlar a repressão política e a censura artístico-cultural, em todos os setores e níveis.

A censura atual, desempenhada pelos guardiões do Politicamente Correto, é não só estulta como contraditória e, por conta disso, bem mais arbitrária e discricionária – seletiva no mau sentido – do que aquela, pois ao mesmo tempo em que impõe um tácito *cale-se* a um professor que se limita a citar o que um personagem diz a outro numa comédia grega do século V a. C., da época da Guerra do Peloponeso, permanece indiferente a todas as manifestações que ela poderia, se usasse devidamente seu peso e sua medida, barrar, proibir, reprimir – manifestações encontráveis aos montes, por exemplo, nos programas humorísticos exibidos e transmitidos pela televisão, inclusive em versões mais intelectualizadas como o *Programa do Jô*[3]. Ou será então que isso *pode*, não só quando se trata de alguém como o apresentador do *talkshow*, mas também no caso de personagens de telenovela e, de modo geral, crianças e jovens em qualquer situação e ambiente?

Há dois aspectos a observar quando se analisa essa atitude. Um deles é o fato de que no papel de censor encontra-se hoje um personagem social que na época da ditadura costumava ser censurado e que, em nome do Politicamente Correto, parece disposto a assumir a sanha de um Torquemada. O que faltou, no episódio narrado, para Aristófanes – em efígie, evidentemente – e Mário da Gama Cury serem incinerados pelo crime de homofobia? Nesse caso, o campus universitário seria palco de um auto de fé, uma fogueira de livros politicamente incorretos (*As Nuvens* entre eles) iluminando as faces exultantes de ira e desforra desse neo-obscurantismo – praticado e exercido, aliás, em favor do quê e de quem?

A resposta a essa questão conduz ao segundo aspecto daquela atitude censória: para os paladinos do Politicamente Correto, a massa e seus ídolos e estrelas estão sempre certos e a ameaça do erro, do crime, vem da "elite". Assim como os agentes da ditadura censuravam para proteger a sociedade de "ideologias exóticas", os guardiões do Politicamente Correto censuram as manifestações da "elite" arvorando-se em protetores da massa. Portanto, se os ídolos e estrelas da massa dizem "bicha", isso é apenas engraçado, uma forma de fazer humor; mas se um professor cita palavra semelhante ao expor e explicar um texto em que ela aparece, isso definitivamente *não pode* – é crime...

---

[3] Na época do incidente narrado, o apresentador costumava tomar seu garçom chileno como alvo de suas troças, exibindo no telão fotomontagens satíricas que, muito mais do que insinuar, escancaravam cenas de amor homossexual entre seu funcionário e o ex-ditador Augusto Pinochet.

O que significa ser um clássico, nesse contexto? Significa ser "coisa da elite", o que é condenável tanto do ponto de vista da massa quanto, digamos, de sua vanguarda, o esquadrão do Politicamente Correto – vanguarda, aliás, que não deixa de ser uma elite[4]. O clássico, se existe, existe em negativo: não tem nem deve ter nenhum privilégio, nenhuma licença para empregar ou destilar expressões e posturas politicamente incorretas. Ele não passa de mais um entre outros, entre todos os outros; não lhe reconhecem nenhum destaque, nenhuma relevância – a cultura de massa é justamente uma imensa planície, sem relevos, e se algum corpo nela se sobressai é por favor da massa, porque ela o levanta e o põe sobre seus ombros. O clássico só não é completamente nivelado a todos os outros produtos culturais porque dispõe de um privilégio negativo: por ser "coisa da elite", merece ser priorizado na vigilância; por ser trabalhado na escola, a atenção sobre ele, a fim de coibir seus crimes e corrigir seus erros, deve ser redobrada.

O resultado, como no caso do aluno comum – aquele que passa pelo processo de escolarização com a *função consumidor* ligada no piloto automático, sem adquirir a *função leitor* –, é a subtração: o clássico é submetido a uma conta de *menos*, subtraído do ensino. Com uma diferença: o aluno consumidor desqualifica e exclui o clássico de forma quase passiva, pelo mero motivo de que ele não satisfaz sua ânsia de diversão, de entretenimento, não lhe fornece a dose de estímulo de que necessita. Trata-se de uma espécie de capricho egoístico; ele não se importa se outro alguém "curtir" ou mesmo gostar do clássico.

Não acontece o mesmo com o guardião do Politicamente Correto: a conta de subtração ele a calcula no papel de inquisidor e juiz, com método e sistema – exclui o clássico investigando-o, denunciando-o, elaborando a peça de acusação, condenando, prolatando a sentença e aplicando-a. Isso porque, se a ânsia do aluno consumidor é a de ter satisfeitos seus desejos

---

[4] A ideia de que a massa tenha sua elite não deve estranhar; ela é requerida justamente para entronizar esse novo herói.

e estímulos, a sanha do politicamente correto é a de tutelar e proteger a massa de más influências – as mais perigosas e insidiosas sendo as exercidas pelos clássicos, na medida mesma em que contam com o beneplácito ou, no mínimo, com a tolerância e a cumplicidade dos professores...

Esse antielitismo é complementado e reforçado por um *democratismo* que, também discricionariamente seletivo, ou ignora ou vê com ampla simpatia todas as iniciativas classificatórias e hierarquizantes promovidas no seio da massa, ao estilo das disputas de times de futebol ou da publicidade da marca de eletrodoméstico, mas reage com antipatia ou ferocidade quando topa, no âmbito da cultura escolar ou acadêmica, com classificações similares. Assim, pode-se dizer quem é o maior e o melhor no futebol – se Pelé ou Maradona, por exemplo –, pode-se dizer quem é e quem não é "uma *brastemp*", mas não se pode fazer o mesmo com autores como Mozart, Beethoven e Bach, Shakespeare e Aristófanes, Sócrates, Platão e Aristóteles. Na medida em que a existência de clássicos se funda na aceitação desse tipo de hierarquização, por esse viés democratista, que decreta a igualização e o nivelamento de autores e obras, não reconhecendo reputações instituídas e mantidas por alguma tradição – a qual é igualmente recusada e execrada –, não há clássicos.

"Não gosto desse tal de Pascal! Quem é ele para dizer que o homem é um caniço pensante?!", reclamou uma aluna durante uma de minhas aulas no Ensino Médio. No limite, esse democratismo favorece e chancela o individualismo egocêntrico que, exercendo o gosto pessoal como único parâmetro, toma para si o direito de legislar que costuma pertencer a uma tradição clássica, ou ao que resta dela: "A língua é minha e falo e escrevo como quero", protestou azedamente outra aluna ante algum reparo feito à sua escrita.

Esse *mix* de democratismo e individualismo torna impraticáveis não só a lição dos clássicos ("E daí que Machado de Assis escreve assim ou assado? Quem é ele para servir de modelo ou regra?") como o próprio sentido da correção e da boa forma, na medida em que ambos só podem existir em função de parâmetros hierarquizantes.

Terceiro círculo

Esse *mix* frequenta o espaço tanto desse segundo círculo quanto de um terceiro, cujos contornos são desenhados por uma prática ideológica que se constitui como expressão ou aplicação dos pressupostos do *multiculturalismo*, sobretudo os emanados da teoria do relativismo cultural. Partindo do princípio de que há culturas, nenhuma das quais com o direito de sobrepor seus valores às demais, essa prática[5] consiste na recusa – por princípio, retome-se – da possibilidade de existência de uma cultura humana ou humanista de extensão ou validade universal. O clássico acaba então relativizado, neutralizado, anulado: Shakespeare não passa de um dramaturgo inglês da Era Elizabetana, Hume um filósofo escocês do século XVIII, Balzac um romancista francês do século XIX, Ésquilo, Sófocles e Eurípedes, Sócrates, Platão e Aristóteles meros autores gregos dos séculos VI, V e IV a. C. etc. O que justifica que sejam lidos e estudados numa escola brasileira, no seio de uma cultura com valores, raízes e características singulares, que remontam a outras culturas que não somente as desses autores e suas obras? A resposta é: *nada*; lê-los e estudá-los seria incorrer em "eurocentrismo"...

Isso significa que os defensores – ou, melhor dizendo, aplicadores – desse relativismo demandam e desejam aulas sobre as literaturas e os pensamentos representativos de culturas indígenas, ameríndias e africanas? Não necessariamente, pois os valores dessas culturas também são relativos, sendo elas portanto igualmente passíveis desse questionamento: não sendo universais, o que pode justificar que se privilegie ou

---

5 Trata-se, portanto, daquilo em que se vê convertida na *prática* (inclusive e talvez sobretudo no meio universitário) a teoria multiculturalista.

escolha seu ensino em sala de aula? Desse modo, o que se empreende em tal caso é uma conta de *soma zero*: todas as culturas valem, na medida exata em que nenhuma vale mais que a outra, e disso resulta que nenhuma tem o direito de dizer: "ensina-me" e/ou "aprende-me".

No caso da prática ideológica desse relativismo, está-se no extremo oposto ao do universalismo humanista. Esse último abre espaço à singularidade do indivíduo, que a pode afirmar na medida mesma em que se declara na posse de um caráter humano e reivindica assim seu lugar no gênero humano, como faz Shylock na conhecida e amiúde citada passagem de *O Mercador de Veneza* em que tenta justificar seu desejo de vingança:

> Sou um judeu. Então, um judeu não possui olhos? Um judeu não possui mãos, órgãos, dimensões, sentidos, afeições, paixões? Não é alimentado pelos mesmos alimentos, ferido com as mesmas armas, sujeito às mesmas doenças, curado pelos mesmos meios, aquecido e esfriado pelo mesmo verão e pelo mesmo inverno que um cristão? Se nos picais, não sangramos? Se nos fazeis cócegas, não rimos? Se nos envenenais, não morremos? E se vós nos ultrajais, não nos vingamos? Se somos como vós quanto ao resto, somos semelhantes a vós também nisso. Quando um cristão é ultrajado por um judeu, onde coloca ele a humildade? Na vingança. Quando um judeu é ultrajado por um cristão, de acordo com o exemplo cristão, onde deve ele colocar a paciência? Ora essa, na vingança (Cf. SHAKESPEARE, 1989, II, p. 467).

Shylock é esse *outro* do cristão: um *outro* que se afirma tão humano quanto o cristão, mas na medida mesma em que deixa manifesta sua individualidade – pois, se é judeu, não é aí que se dá ou se esgota sua essência ou modo de ser; o que ele é, como judeu, não se distingue essencialmente do que é um cristão, portanto o que de fato o distingue não se deve à sua pertença à etnia ou cultura judaica, mas ao fato de ser o indivíduo que é[6].

Num movimento diametralmente inverso, o relativista tende a tomar o outro como integrante e representante de uma cultura e/ou etnia, não como um indivíduo concreto. A singularidade, para ele, se esgota nesse nível coletivo, cultural; ao reconhecê-la, na gesticulação automática provida por essa prática ideológica, ele se dá por satisfeito, orgulhando-se e parabenizando-se por ser tão generoso em seu respeito à alteridade. Mas trata-se, retome-se, de um *outro* subsumido à cultura da qual faz parte (ou na qual é classificado), sendo igualmente forte a tendência – ou o risco – de se enfiá-lo em estereótipos, mesmo que "positivos", justamente na proporção em que não se vai além da apreensão étnico-cultural para se alcançar a dimensão individual.

O relativismo está longe de ser – ou mesmo de poder ser – o antídoto do racismo e das pretensões de superioridade racial, inclusive porque tais pretensões habitam muitas culturas étnicas como traços próprios, que as caracterizam. O argumento relativista, que propõe que as culturas sejam respeitadas – e/ou se respeitem mutuamente – na medida em que são diferentes entre si, não sensibiliza o racista, não o impedindo nem o dissuadindo de sofismar: ele assume de bom grado a premissa segundo a qual as culturas são diferentes, ao mesmo tempo em que não vê dificuldade alguma em desvencilhar-se da outra premissa (a do respeito), sacando o etnocentrismo dentre as características definidoras da cultura a que pertence – reconhecer a diferença significa, para ele, admitir a superioridade de sua cultura sobre outras.

---

6   Não há qualquer contradição entre a perspectiva universalista e o reconhecimento do indivíduo como tal, o que se constata em práticas cotidianas quando, por exemplo, alguém interpela ofensivamente um outro tomando-o como membro de uma cultura étnica – "Ora, *seu* judeu!..." – e um terceiro intervém admoestando: "Ei, ele tem nome!..." Esse tipo de chamamento e de advertência recorda e assinala ao mesmo tempo a humanidade e a identidade do ofendido, ou seja, o seu pertencimento ao *gênero* humano e a sua dignidade de *pessoa* humana, na condição de indivíduo singular.

Na experiência histórica, o argumento que o discriminado levanta contra a discriminação é justamente o do universalismo, o da humanidade tomada como a ideia, o preceito e o parâmetro de um substrato comum: nem judeus nem quaisquer integrantes e representantes de etnias outras são inferiores aos "arianos", pois são todos humanos. Síntese expressiva desse argumento pode ser encontrada na passagem com que Sartre (1970, p. 151) encerra seu relato autobiográfico, *As Palavras*: "Todo um homem, feito de todos os homens, que os vale a todos e a quem vale não importa quem." Trata-se, incontrastavelmente, de humanismo e de universalismo: os indivíduos valem – e/ou devem valer – uns para os outros porque são "simplesmente" humanos, não porque portadores das diferenças e das singularidades das culturas às quais pertencem.

Retomando a temática e o contexto educacionais e fechando o círculo: a noção de singularidade com que se opera na prática ideológica do relativismo cultural e que impera como valor máximo, determinando o respeito ao caráter único de cada cultura, torna impossíveis a comunicação e o diálogo entre elas, ao tratá-las como mônadas, perfeitas unidades fechadas em si mesmas, o que decreta uma espécie de solipsismo cultural, cujo corolário pode verificar-se na impossibilidade de tomar partido: ante conflitos motivados por diferenças e divergências étnico-culturais, a prática relativista lembra o impasse do asno de Buridan, pois o princípio-mestre de que as culturas todas se equivalem entre si (um juízo de valor erigido e praticado como juízo de fato e, no frigir dos ovos, paradoxalmente, como dogma) só pode ditar como norma de conduta a isenção, a neutralidade de quem ou abdica liminarmente de considerar a questão, na ausência de parâmetros de julgamento e comparação, ou reconhece que ambas as partes têm razão.

Inviabiliza-se assim o ensino concebido como formação do humano mediante a cultura humana, concepção que pressupõe ou postula a existência de um universal humano ou do humano como universal, numa aposta ou esperança de promover o diálogo entre as diferentes culturas, em sua acepção antropológica, explorando seu substrato comum – humano – ao mesmo tempo em que observando e transcendendo suas diferenças.

Um projeto desse tipo, no qual, como diz Olivier Reboul em sua *Filosofia da Educação* (1988, p. 18), "ensinamos Pascal *e* Voltaire, Goethe *e* Shakespeare[7], não como crentes, ou descrentes, alemães, ou ingleses, mas como universais, isto é, humanos", com o propósito não de "formar um técnico, um cidadão, um crente, mas um homem", proporcionando ao aluno uma iniciação que não se destina "a integrá-lo nesta ou naquela comunidade nacional, profissional ou religiosa, mas para fazê-lo entrar na comunidade humana, transcendente às épocas e às fronteiras" – esse projeto não encontra razão de ser nem possibilidade de existência numa prática relativista que, partindo do princípio de um absoluto respeito à diversidade, à multiplicidade e à singularidade das culturas étnicas, parece ser capaz apenas de acenar para um processo de crescentes fragmentação e afunilamento do interesse como fonte legitimadora dos conteúdos e disciplinas escolares, processo cujo termo, a rigor, é indefinido (em suma: se não interessa estudar culturas nacionais, que se passe para as regionais; se essas também não interessam, que se estudem as grupais, tribais... até se chegar à gangue do bairro, a qual, ainda assim, pode não justificar o estudo, porquanto continua sendo tão só uma cultura entre inúmeras...).

A soma do múltiplo, do diverso, do singular, excluindo *a priori* e necessariamente (ou logicamente) o universal, redunda, desse modo, em *zero ensino*: que cultura, com efeito, pode ter a pretensão de ensinar o que é ser *humano* a outra cultura? No máximo, pode-se cogitar em intercâmbio, o que não é ensino. Esse pressupõe e implica que haja um universal humano, que não existe; portanto...

---

[7] Reboul, como se vê, grifa a partícula *e*, enfatizando o sentido de adição.

*

É talvez perceptível que esses círculos são concêntricos, mas não concentracionários, podendo-se dizer que os obstáculos e adversidades são localizados e representariam exemplos isolados. Seria o caso de notar, então, que nada disso afetaria de modo significativo a categoria e a vida dos clássicos – eles continuariam vivos, persistiriam sendo lidos pelos séculos vindouros, como têm sido também há séculos, a despeito dos ataques e negações. Muito certamente: "os cães ladram e a caravana passa..."

Essa capacidade de sobrevivência – ou sobrevida – dos clássicos seria testada e atestada por sua relação paradoxal com a tradição ou as tradições. Os clássicos fazem parte de uma tradição, são por ela carreados e conservados, mas não constituem eles próprios uma tradição, no sentido de determinarem, acerca de si mesmos, interpretações canônicas; o fato de que a herança cultural que representam não só pode como deve ser interpretada em múltiplos sentidos indica que a presença e a persistência dos clássicos sinalizam, como sugere Hannah Arendt (1972, p. 28), o fim da tradição, a ausência de um solo (um mundo) comum que assegure uma direção igualmente comum ou consensual para as interpretações. Pode-se, portanto, contestar e tentar destruir um clássico – sua reputação, seu *status* – mas isso num ambiente em que o clássico já não diz sempre a mesma coisa; ele é múltiplo, proteiforme, dado a inúmeras visões e leituras. O que o mantém vivo é, então, essa polissemia, essa riqueza de significações, a abertura a um sem número de abordagens, que dele faz uma referência (viva, justamente) mas não um referencial no sentido acadêmico do termo: a leitura dos clássicos, nesse sentido, proporciona inestimáveis fundamentos e parâmetros para a formação do gosto e para a apreciação em profundidade da cena e do panorama culturais, que podem ser então tomados em perspectiva, segundo escalas de valores hauridas na própria cultura e em suas tradições; mas quando, violentando-se e reduzindo-se essa relação, procura-se usar e adotar um clássico como instrumental de pesquisa, acaba-se na situação aberrante de especialistas[8] que sabem operar e aplicar os conceitos mas ignoram toda a atmosfera cultural respirada pelo clássico e que dele emana.

No caso específico dos clássicos da Antropologia, seria necessário acrescentar, no entanto, que essa vida se manifesta talvez até ao limite da autodestruição, se se perceber naquela prática derivada da teoria multiculturalista um movimento pelo qual uma cultura de extração europeia, na medida em que se dispõe a abrir-se às outras culturas, relativiza-se ao ponto de negar e destruir a tradição em que se enraíza.

Cabe reconhecer, portanto, que clássicos continuam existindo e que, mais que isso, mantêm sua influência: é justamente porque tomam e estudam como clássicos os teóricos do relativismo cultural que universitários se põem a defender, como ideólogos, os postulados e derivados da teoria, mas o fazem quase que desapercebidamente, pois acusam e atacam posturas e pontos de vista "eurocêntricos", onde quer que os encontrem, sem se darem conta de que a atitude que fundamenta tais acusações e ataques radica em solo cultural europeu, tendo sido cultivada no século XVI por um Montaigne (1972, p. 109)[9] e no XVIII por um Voltaire (1973, p. 86-89)[10] – autores nos quais se pode verificar que a postura ou inclinação relativística não é menos construída culturalmente que a universalista, ambas compartilhando no final das contas o mesmo chão ideológico, de extração europeia.

Mas mesmo essa presença quase imperceptível – ao mesmo tempo em que conscientemente recusada – do clássico

---

8   Um exemplo entre outros: o do acadêmico que se especializa na teoria da semicultura – ou semiformação – desenvolvida a partir de conceitos adornianos e que, acabando de tomar contato com a música de Schoenberg, desconhece as palavras "dodecafônico" e "dodecafonismo". "Corrige" então, pernosticamente, o interlocutor que associa aquelas palavras ao nome do compositor: "Dodecafonismo? Não! O correto é atonalismo!"
9   Cf. o ensaio *Dos Canibais*, com a célebre ironia da passagem em que o autor comenta: "Por certo, em relação a nós são realmente selvagens, pois entre suas maneiras e as nossas há tão grande diferença que ou o são ou o somos nós."
10 Cf. o capítulo IX – Da Virtude e do Vício – do *Tratado de Metafísica*.

pressupõe o que apontamos no início, ou seja, que ele não vive nem sobrevive em si e por si mesmo; pelo contrário, depende de que haja leitores – mais especificamente, leitores de clássicos, que os reconheçam e cultivem como tais. Sua sobrevivência – ou sobrevida – implica a formação de leitores, que crianças e jovens não se restrinjam à *função consumidor* mas, para além dela, adquiram e assumam a *função leitor*... A tradição da leitura e dessa formação apontava justamente o clássico como forma, meio e modelo para a aquisição dessa função: aprendia-se a ler lendo os clássicos, o que implicava – como ainda implica – trabalho, ou seja, estudo[11].

Num mundo que tende, aparentemente com crescente intensidade, a relativizar, a neutralizar, a anular o clássico, a submetê-lo a inquéritos policialescos, a julgamentos e a execuções sumárias, é de fato imprescindível assinalar a importância de ler os clássicos. Mas aí se tromba com o pior círculo – o vicioso –, isto é, com uma espécie de petição de princípio, pois o objetivo que se quer realizar e as condições que possibilitam sua realização coincidem no mesmo ponto, remetem à

---

[11] Trata-se de um tópico que demanda e exige um capítulo à parte. Limito-me aqui a ressalvar a tendência ou a tentação de querer competir com a mídia, imitando seus pressupostos, valores e procedimentos. Diz, por exemplo, um professor e poeta – Frederico Barbosa – sobre Mário de Andrade: "Mas, mais do que isso, eu acho que é fundamental ler *Macunaíma*, ler *Amar, verbo transitivo*, ler os poemas de Mário de Andrade, como *Ode ao burguês*, porque é divertido, né? Isso acho uma coisa fundamental. Os professores de Literatura em geral dizem que é preciso ler porque é importante. Acho que eles não gostam de ler. É preciso ler porque é divertido, é preciso ler porque é gostoso, porque você dá muita risada com *Macunaíma*" (cf. *Mestres da literatura – Mário de Andrade: reinventando o Brasil*. Disponível em: <http://tvescola.mec.gov.br/tve/video;jses sionid=B53742549921C2FD57F446EA123C5183?idItem=795,29min21s-29min46s)>. A propósito – e como contraponto à fala citada –, menciono que em meados da década de 1990 incluí em minhas aulas de Filosofia da Educação, lecionadas a turmas do curso de Magistério, o texto de *Macunaíma*, a fim de discutir o tema do caráter nacional brasileiro; promovi leituras em voz alta, durante as quais, de fato, ri bastante, mas sozinho – nunca me vi acompanhado pelos alunos, que não aparentaram haver percebido na narrativa e em sua leitura os motivos dos risos. É constatável que, para os que contam com a (pre)disposição e a experiência que propiciam a realização da leitura tal como definida no presente ensaio, *Macunaíma* é um livro assaz divertido, mas certamente não no sentido do entretenimento a que as massas estão acostumadas e condicionadas. Por outras palavras, divertir-se com *Macunaíma* pressupõe uma preparação, um trabalho pelo qual se aprende a ver a graça (e outros encantos) desse e de outros livros, havendo portanto uma enorme diferença a separar e a distanciar o "aprender divertindo-se" (como propõem e defendem os pedagogos que se precipitam em funcionar como *ersatz* dos ídolos midiáticos) do "aprender a divertir-se". Curiosamente, é de um profissional da mídia que parece vir uma opinião mais pertinente e lúcida, em tal caso: falando sobre *Ulysses*, de James Joyce, durante uma de suas aparições no programa *Manhattan Connection*, em 7 de setembro de 2014, Diogo Mainardi assinala e enfatiza que a leitura e a fruição desse clássico moderno exigem e pressupõem – fundamentalmente... – o estudo.

mesma carência, ao mesmo vazio: para provar a importância de ler os clássicos é necessário que se reconheça a existência de clássicos, ao mesmo tempo em que para obter tal reconhecimento é necessário que se leiam os clássicos...

Ainda ecoam os versos, portanto:

> Meu caro Luís, que vens fazer nesta hora
> de antimúsica pelo mundo afora?

REFERÊNCIAS

ANDRADE, Carlos Drummond de. A flor e a náusea. In: _____. *A rosa do povo*. Reunião: 10 livros de poesia. 5. ed. Rio de Janeiro: José Olympio, 1973.

_____. Beethoven. In: _____. *As impurezas do branco*. 4. ed. Rio de Janeiro: José Olympio, 1978.

ARENDT, Hannah. Prefácio. A quebra entre passado e futuro. In: _____. *Entre o passado e o futuro*. Trad. Mauro W. Barbosa de Almeida. São Paulo: Perspectiva, 1972.

ARISTÓFANES. *As Nuvens*. Trad. Mário da Gama Kury. Rio de Janeiro: Jorge Zahar, 1995.

BALZAC e a costureirinha chinesa. Direção: Dai Sijie. Produção: Les Films de la Suane, TF1 Films Productions. Intérpretes: Xun Zhou, Kun Chen, Ye Liu, Shuangbao Wang, Zhijun Cong, Hong Wei Wang, Xiong Xiao, Zuohui Tang, Wei Chen, Tianlu Chen, Qing-yun Fan. Roteiro: Dai Sijie e Nadine Perront. Título original: *Balzac et la petite tailleuse chinoise*. Duração: 111 min. Ano de produção: 2002.

KANT, Immanuel. Resposta à pergunta: Que é "Esclarecimento"? In: _____. *Textos Seletos*. 3. ed. Trad. Floriano de Sousa Fernandes. Petrópolis, RJ: Vozes, 2005, p. 63-71.

LISPECTOR, Clarice. *A hora da estrela*. 15. ed. Rio de Janeiro: Nova Fronteira, 1988.

MENDELSSOHN, os Nazistas e Eu. Direção e roteiro: Sheila Hayman. Produção: BBC. Gênero: documentário. Título original: *Mendelssohn, the Nazis and Me*. Duração: 60 min. Ano de produção: 2009.

MONTAIGNE, Michel de. *Ensaios*. Trad. Sérgio Milliet. São Paulo: Abril Cultural, 1972 (col. *Os Pensadores* v. XI).

REBOUL, Olivier. *Filosofia da Educação*. 7. ed. Trad. Luiz Damasco Penna e J. B. Damasco Penna. São Paulo: Companhia Editora Nacional, 1988.

SARTRE, Jean-Paul. *As Palavras*. 4. ed. Trad. J. Guinsburg. São Paulo: Difusão Europeia do Livro, 1970.

SHAKESPEARE, William. *O Mercador de Veneza*. Trad. F. Carlos de Almeida Cunha Medeiros e Oscar Mendes. In: _____. Obra Completa v. II, p. 437-497. Rio de Janeiro: Nova Aguilar, 1989.

VOLTAIRE [François-Marie Arouet]. *Tratado de Metafísica*. Trad. Marilena de Souza Chauí Berlinck. São Paulo: Abril Cultural, 1972 (col. *Os Pensadores* v. XXIII, com textos de Voltaire e Diderot).

METODOLOGIA DO ENSINO DE FILOSOFIA

Leoni Maria Padilha Henning
Professora de Filosofia da Educação na
Universidade Estadual de Londrina – UEL[12]

Apresentação

Considerando o contexto mais geral do filosofar, aprender e ensinar, com os seus amplos desafios e possibilidades, e ainda recortando o tema ensino de filosofia: questões de didática, metodologia e procedimentos de ensino, em que tomamos para a nossa responsabilidade a análise sobre a metodologia do ensino de filosofia, podemos realizar o percurso inverso, a fim de aquecermos a nossa disposição para esse exercício intelectual. Partindo do contexto do "ensino de filosofia", podemos assim explorar os aspectos referentes à "metodologia deste ensino", uma questão intraescolar, intrasala de aula, porque se trata de "ensino" de uma disciplina específica, a "filosofia", para que as noções e ideias aqui apresentadas possam se articular com a proposta mais ampla: "filosofar, aprender e ensinar" – a nossa opção de análise. Isto porque os esforços para o entendimento da "metodologia deste ensino" só têm maior sentido quando articulada ao aprimoramento do "filosofar" que se realiza no

---

12 Leoni Maria Padilha Henning é formada em Filosofia (UFPR, 1974), tendo conquistado os títulos de Master of Education (MSU, 1976), Master of Science (ISU, 1991), Doutorado em Educação (UNESP, 2003) e Pós-Doutorado (Pós-Graduação em Filosofia, UFSC, 2014). Dedicou-se toda a vida acadêmica à área de Filosofia e/da Educação, atualmente desenvolvendo atividades de pesquisa e docência na graduação e pós-graduação no Departamento de Educação da Universidade Estadual de Londrina. Além dos vários capítulos de livros e artigos publicados em revistas acadêmicas, destacam-se os livros: "Positivismo, pragmatismo e educação" (Poiesis, 2013); "Pesquisa, ensino e extensão no campo filosófico-educacional – Possibilidades presentes no contexto universitário" (EDUEL, 2010); "Pesquisa, ensino e extensão no campo filosófico--educacional – Debate contemporâneo sobre a educação filosófica" (EDUEL, 2010); "Violência, indisciplina e educação" (EDUEL, 2010), "Filosofia e educação: caminhos cruzados" (Appris, 2014), dentre outros.

âmbito do ensino-aprendizagem e que envolve uma gama de múltiplos elementos a ser observados – mesmo que no presente texto "apenas" anunciemos o enredamento que o tema metodologia do ensino de filosofia se vê envolvido.

Observando a existência de "desafios e possibilidades" no contexto do ensino de filosofia, anunciamos a necessidade de enfrentamento da situação, que se apresenta com um perfil dificultoso ou, pelo menos, nada simples – pois há "desafios" neste caminho; embora, ao mesmo tempo, vislumbramos também a esperança por encontrarmos sugestões, análises, quiçá, soluções para alguns impasses, já que se ausculta, se adivinha, se entrevê "possibilidades".

Assim, procurarei guiar-me pelas linhas mestras construídas para a elaboração do texto, tentando articular algumas ideias comprometidas com o tema específico, mas situando-o no panorama geral sugerido. E pergunto: por que o tema da "metodologia do ensino de filosofia" seria um assunto relevante e por que se constituiria um desafio? Esta questão parece nos conduzir para uma outra pergunta: Sendo um desafio, em que medida e com qual sentido a "metodologia do ensino de filosofia" é um problema para a própria filosofia?

Partindo então desse raciocínio é que inicio a exposição que se fará com uma introdução, onde procurarei ensaiar a problematização das questões; o desenvolvimento, que se constituirá de uma tentativa de aprofundamento teórico do problema; e, finalmente, apresentarei algumas linhas gerais conclusivas do que até aqui for mostrado, num esforço de articulação das ideias inicialmente dispersas, mas que procurarei compô-las num todo melhor arranjado, então ao final do texto.

Introdução

Os problemas tradicionais do ensino de filosofia que se dá "no Brasil" não são exclusivos a esta disciplina, mas se alinham aos problemas constitutivos da nossa cultura em geral e da educação, em particular, que aqui se desenvolveu desde as nossas origens.

Anísio Teixeira (1900-1971) nos mostra com clareza que fomos marcados na implantação da Colônia, pela transplantação da cultura europeia, numa aventura fantástica em que se propunha uma associação da bandeira religiosa com a instalação de um reinado alóctone ao que correspondente a uma forte dominação – situação, como sabemos, perpetuada mesmo após a Independência. Nesse sentido, ocorreu em terras brasileiras uma "[...] duplicidade fundamental: jesuítas e bandeirantes; fé e império; religião e ouro [...] Nascemos, assim, divididos entre propósitos reais e propósitos proclamados" (TEIXEIRA, 1976, p. 07, grifos nossos). E, continua o autor:

> A essa duplicidade dos conquistadores seguiu-se a duplicidade da própria sociedade nascente, dividida entre senhores e escravos, dando assim ao contexto social do continente recém-descoberto o caráter de um anacronismo em relação à Europa, na época, em plena renovação social e espiritual (TEIXEIRA, 1976, p. 07-08, grifos nossos).

Essa problemática se ampliou marcando os nossos veios culturais em geral, impedindo – junto a outras medidas estratégicas para a sua conservação – a expansão do conhecimento e uma mentalidade bem afinada com os destinos da nação, possibilitada pela participação de todos, cuja formação para isso exigia um sistema público de ensino com qualidade e fundado em crenças bem estabelecidas.

Mas o que vimos acontecer foi o desfile de um rol de sugestões filosófico-educacionais quase sempre de natureza igualmente estrangeira. Isso grandemente afetado pelas dificuldades do país nascente onde os que procuravam alguma fundamentação para propor mudanças com autonomia e informação tivessem que se deslocar aos centros europeus e, posteriormente, naqueles situados no continente norte-americano (como foi o caso da Escola Nova ou progressiva já nas primeiras décadas do século XX).

A filosofia aqui desenvolvida, igualmente, desde o seu inicio se desviou do foco dos problemas ditados pela própria realidade, constituindo-se, ao invés disso, em reflexão sobre problema do outro; e não um problema de si mesmo, procurando antes dedicar-se a sugestões produzidas nos grandes centros estrangeiros de cultura por aqueles a que se permitia e se possibilitava tamanha aventura. Assim, de uma forma geral, podemos dizer que entre nós se desenvolveu uma educação elitista, formalista e academicista destinada a formação de uma minoria para fins de liderança e ocupação das tarefas dirigentes, tendo um outro segmento mais afeito a uma formação mais adequada ao trabalho, produzindo desse modo uma cultura igualmente dual.

Junto a tal cultura, o saber inicialmente aqui estabelecido foi caracterizado por Luiz Washington Vita como "saber da salvação" (LARA, 1988, p. 145-147) por expressar um tipo de pensamento mais preocupado com a salvação da alma sendo, para isso, orquestrado por dogmas católicos e especulação filosófico-teológica. Caracterizando melhor a filosofia difundida pelos nossos precursores no nascente país, Vita assim se expressa:

O fundamento dessas doutrinas medievalizantes – de profunda ressonância teológica – estava no fato de sobrepor as instâncias da Revelação e de autoridade à capacidade racional do homem e ao livre emprego de seus meios de conhecimento, pois concebia a ordem natural como fundada numa regularidade transcendente, origem de toda verdade ôntica. Por isso seu principal objetivo era forjar uma consciência absolutista e teocrática, condicionada essencialmente pela ideia de uma hierarquia social e política. Pouco se importavam os jesuítas que seu pensamento fosse "ainda que menos latino", já que se mantinha "bom católico", transformando-se Portugal numa verdadeira Ilha de Purificação... (VITA, 1969, p. 15).

Como podemos observar, esse saber aqui instalado favorecia o atendimento a interesses para além das questões imanentes que afetavam a nossa realidade. Esse desligamento da realidade brasileira foi apontado posteriormente por Freire, como um trabalho que foi se agravando em nossa cultura e que foi, segundo o pernambucano, resultante na verdade da instalação de uma "invasão cultural" profunda, que produziu um grave impedimento à criatividade do nosso povo, a perda da sua originalidade, constituindo-se portanto, em violência e alienação, conservando uma situação fortemente opressora, não permitindo que houvesse a produção de respostas novas aos problemas que se vivenciava, mas que seguisse as instruções oferecidas, tornando os homens e as mulheres inativos. Tudo isso, para o autor, implicou num igual agravamento de natureza política, isto é, numa "inexperiência democrática" que atravessou o processo de nossa constituição como nação (FREIRE, 2001, p. 27). Nessa perspectiva, Freire (1978) denuncia uma pedagogia bancária, nem sempre explícita, mas que na verdade, sustenta os interesses dominadores com estratégias metodológicas aparentemente ingênuas, mas que se mostra avessa a tentativas inovadoras necessárias ao desenvolvimento da criticidade e da conquista de autonomia do povo.

Nesse panorama em que fomos formados, observamos uma dificuldade extremamente séria, conforme as palavras de Severino:

> [...] a tendência, normal nessas situações, de levar a uma escolastização do pensar, dificultando sempre a que se utilize o modelo que se segue como uma ferramenta hábil e uma base fecunda para se pensar, autonomamente, uma problemática real, reduzindo-o, o mais das vezes, à retomada e repetição dos critérios de constituição desse modelo. O pensar não se transforma em ferramenta de tratar do novo, do concreto imediato. Este é o risco do transplante mecânico e descontextualizado dos modelos teóricos do pensamento (SEVERINO, 1999, p. 24).

Passando para uma época em que há o forte domínio científico e tecnológico, a ênfase nos conhecimentos positivos ganhou importância, mas sem que houvesse a superação do modelo discriminador, ficando as escolas públicas – com poucas exceções – com a pecha de lugar de carência em investimento material para que uma formação efetivamente mais exigente como essa pudesse se sustentar. Vimos acontecer o desenvolvimento de muitas escolas privadas e dos cursinhos preparatórios para propiciar o salto do aluno por cima das situações mais deficitárias, tendo que enfrentá-las para realizar sua busca à ascensão social pela educação.

É certo que nesse panorama rapidamente apresentado, a disciplina de filosofia entra e sai do cenário educacional – pelas razões as mais complexas e diversas. E hoje está operando em meio às políticas ditas mais democratizadoras, mas sem que esteja efetivamente segura.

Não é o nosso propósito examinar cada caso dessa trajetória, mas o que observamos é que a disciplina se desenvolve nos espaços escolares, com uma profunda "insegurança", devendo ter que convencer permanentemente os seus pares e a sociedade que é útil, que tem um papel relevante a desempenhar nas instituições educativas, que é um conhecimento aparentado à ideia de formação humana para o alcance seja da Felicidade humana ou para atender a marca de sua perfectibilidade ou a própria condição de educabilidade humana, enquanto fator distintivo pela necessidade existencial dos homens e das mulheres. Nenhuma outra disciplina tem que elaborar tão densos e exigentes argumentos. Essa questão talvez seja a primeira a ser enfrentada pelo professor de filosofia em formação, pois terá ele que lidar com esse desafio em seu cotidiano profissional.

Uma outra questão que afeta a metodologia a ser trabalhada por este profissional diz respeito à tradição da disciplina, no que se refere ao seu apelo insofismável a uma leitura cuidadosa e amorosa com seu autor, a um trabalho realizado num ritmo parcimonioso e disciplinado, com uma escrita igualmente precisa, argumentativa, clara e bem articulada. Como exigir isso dos jovens dos tempos dos inseparáveis celulares, da internet, das atrativas redes sociais em que imperam códigos de escrita e leitura abreviada, textos curtos e deletáveis ao gosto ou desgosto do seu leitor. Como defender a atitude filosófica diante desta realidade, sem maltratar a filosofia? Como propor atitudes e comportamentos aparentemente difíceis já que parecem exigir dos jovens o desenvolvimento de interesses e esforços – que não apresentam imediatamente? Não se trata, pois, de um estudo sem sacrifícios e essencialmente agradável, já que viver é uma experiência complexa que envolve escolhas diuturnamente, as quais nem sempre resultam no esperado, numa ação fácil ou sentimento prazeroso.

A tarefa dos professores é a de criar oportunidades para que os alunos se posicionem, confrontando-os com o que é diferente, fazendo questões que os façam pensar sobre quem são, onde estão, como responderão. Esta tarefa, no entanto, não é fácil e traz implicações para a relação educativa. Nem sempre essas relações serão agradáveis ou fáceis e isso, vemos com frequência. O processo de educar não é simples ou isento de dificuldades, mas esse é o preço a se pagar para vir ao mundo e se tornar único e singular. É neste contexto que o licenciado em filosofia precisa se acautelar, para não confundir o ensino de filosofia com algo prazeroso, necessariamente. É evidente que pode haver prazer na prática filosófica, mas esta não é a condição fundamental para o desenvolvimento deste campo do conhecimento. É preciso muito esforço e dedicação para que o ensino de filosofia se efetive. A educação envolve a violação da soberania do ser. Educar é, por meio de certa violência, abalar a soberania do indivíduo, desafiando-o com perguntas e encontros difíceis. Essa interferência pode ser muito profunda e transformadora e, por isso, importante e necessária quando se pensa o ensino de filosofia para uma prática de liberdade (MENDONÇA, S.; TORTELLA, J. C. B.; SILVA, A. O, 2013, p. 605, grifos nossos).

Diante do exposto, podemos retomar uma situação ineludível (inescapável) que muito bem pode ilustrar os desdobramentos dessas problemáticas até aqui apresentadas. Quem trabalha com a docência no ensino superior talvez tenha se deparado com situações de dúvida dos universitários quanto à sua aptidão para a concentração mental diante de assuntos, aos seus olhos, inúteis, ou quanto ao seu interesse por disciplinas muito teóricas, diante das quais, perguntam o seu significado em relação à prática que vivenciam e que vivenciarão como profissionais.

Outra questão que vimos observando, caso se lhes pergunte algo acerca da presença de filósofos em seu meio cultural ou, mais amplamente, no Brasil, é comum esses jovens manifestarem uma expressão de espanto ou de ceticismo. Haveria filósofos e/ou filósofos da educação brasileiros? Teria havido o exercício dessa atividade entre nós ou, no presente, haveria aqueles que se dedicam ao exercício reflexivo, como profissão – será? São algumas das perguntas, dentre muitas, que podemos ler em suas feições de assombro.

Diante dessas constatações, também nós nos perguntamos: Quais as razões disso? Primeiramente, poderíamos aventar que esses jovens teriam dificuldade em saber, de fato, do que se trata quando se reportam à filosofia, demonstrando certa vagueza quanto a esse entendimento e apresentando, portanto, limitações em reconhecer o praticante dessa atividade. Mas, em tese, nos últimos anos não devíamos mais ter uma justificativa dessa natureza no Brasil, uma vez que a esses estudantes foi-lhes oferecida a disciplina de filosofia no ensino médio como fator obrigatório curricular, desde 2008. Contudo, as dificuldades para a compreensão da situação se multiplicam: Quais os conteúdos filosóficos teriam sido absorvidos por esses jovens? Se a nós fosse garantido que o eixo disciplinar da filosofia teria sido a sua história, poderíamos ainda insistir sobre em que lastro a seleção dos personagens principais e dos figurantes (aqueles que não são fundamentais numa novela ou filme) dessa história foi operada? Desse último grupo, pelo menos, participaram alguns intelectuais brasileiros ou, mesmo assim, inexistiram?

Se a filosofia ensinada se mostra alheia aos problemas imediatos da realidade enfrentada por esses jovens, não lhe dizendo respeito pelas condições adversas relativas ao seu repertório cultural e experiencial, se temos ausência de filósofos brasileiros reconhecidos nos currículos, como motivar esses jovens a se interessar por esse conhecimento?

Diante da problemática localizamos no mínimo três ordens de preocupação: 1. Se a filosofia entre nós é, de fato, uma atividade relevante e praticada, mesmo que não sejam amplamente conhecidos o seu conteúdo e a sua prática; 2. Se os espaços educativos têm servido de estímulo à atividade filosófica em nosso país e como instrumento de divulgação desse trabalho produzido pelos brasileiros; 3. Se as pesquisas em filosofia também têm focalizado ou se inspirado nos problemas da realidade brasileira em geral, e/ou nos problemas atinentes à "formação" do povo brasileiro, em particular. 4. Se o ensino de filosofia tem servido de motor à reflexão dos jovens diante dos seus problemas.

Em base do exposto, podemos apontar para o eixo das nossas preocupações neste trabalho, qual seja, de um lado, em que medida a filosofia no Brasil foi cultivada nos bancos escolares, quer como conteúdo de caráter formativo, quer como atitude investigativa fundamental para a conquista da autonomia da gente brasileira, ou ainda, quer como exercício humano de liberdade e de respeito pelo desejo de cada um entender-se a si mesmo, aos outros e o ambiente no qual está inserido, estando esse conjunto em relação irmanada por princípios claros e compreensíveis. Por outro lado, em que medida a filosofia interessou-se pelas questões educacionais e formativas do homem brasileiro. Em outras palavras: quais são as limitações estabelecidas entre essas duas partes e, igualmente, quais as possibilidades de aproximação e de facilitação ao desenvolvimento mútuo foram colocadas por cada um desses campos ao outro, em nosso país?

Vimos até aqui que o ensino se situa no bojo da educação sendo esta um campo constituído de muitas variáveis, apresentando-se como um objeto multifacetado e, mesmo, um conceito que permite a polissemia. Ademais, podemos perceber que as relações da filosofia com a educação [se quiserem, no Brasil] nem sempre se deram de modo sereno, especialmente, quando uma parcela significativa das instituições sociais se consubstanciaram de um lado, pela escola (em suas diferentes versões pedagógicas, modalidades, níveis, sistema etc.) e, de outro, criando a figura do "professor" e de todas as incumbências a ele apresentadas e regimentadas enquanto um profissional. Dai percebermos a complexidade dos desafios relacionados ao tema, cujas possibilidades devemos nos esforçar a apontar, necessitando por outro lado reconhecer a vasta presença de múltiplos aspectos ao tema envolvido.

Consequentemente, podemos observar que as questões metodológicas estão bem afinadas às problemáticas apresentadas. Porém, ao selecionarmos um dos aspectos possíveis ao ensino de filosofia, podemos questionar simplesmente, se pretendemos primeiramente levar os jovens a proporem formas inéditas de problematizar, investigar e refletir? Ou, nossa sugestão deverá recair exclusivamente na repetição do saber já sistematizado? Mas, como visto, esse ponto é minúsculo em meio ao universo dos questionamentos que podemos formular, não excluindo os fatores que se desenrolarão do carretel de perguntas dos mais diversos matizes presentes no cenário filosófico-educacional.

Desenvolvimento

Vemos, portanto que, ao nos reportarmos ao ensino de filosofia, estamos necessariamente falando de educação – e, se quisermos, em tempos de obrigatoriedade da disciplina, devemos desejar saber se a educação se tornou filosófica com esse trabalho ou, se, ainda, seu eixo mais marcante é a formação cientifica e/ou técnica dos jovens, desconectada dos demais saberes vinculados à sua experiência de vida ou de toda a fundamentação que a filosofia pode oferecer e acompanhar em seus propósitos educativos. Nesse particular, vale lembrar as palavras de Rousseau (1995, p. 46): "Se dividíssemos toda a ciência humana em duas partes, uma comum a todos os homens, outra particular aos doutos, esta seria muito pequena em comparação com a outra. Mas pouco nos preocupamos com os conhecimentos gerais, pois são adquiridos sem pensar e antes mesmo da idade da razão [...]." Além disso, sabemos que o conhecimento sistematizado e ensinado é produção contínua e a sabedoria dele resultante não se sustenta apenas nos anos escolares.

Ao ensinar sabemos que estamos selecionando os temas, os assuntos e modo de realizar o trabalho – mesmo que cuidadosamente – conforme os cânones vigentes ou segundo as nossas próprias preferências. E Rousseau, mais uma vez, adverte: "Ninguém tem o direito, nem mesmo o pai, de ordenar à criança o que não lhe serve para nada" (ROUSSEAU, 1995, p. 77, grifos nossos). Winch e Gingell (2007, p. 80) enfatizam um outro ponto a ser bem observado: "[...] os processos de educação envolvem [ou devem envolver] pelo menos alguma compreensão daquilo que está sendo aprendido e daquilo que é exigido na aprendizagem, por exemplo, para que tenhamos condição de não sofrer 'lavagem cerebral' ou 'condicionamento', além de um mínimo de participação voluntária no processo" (acréscimos nossos). Hannah Arendt, não obstante sua posição mais conservadora quanto ao tema, também destaca a responsabilidade do educador em sua função de intermediar as relações do mundo privado do mais jovem à esfera pública da escola granjeada pelo Estado, na qual o mundo é "representado". Para ela, a singularidade de cada estudante se manifesta exatamente no fato de que a partir de sua introdução na escola cada qual será apresentado a um mundo desconhecido em que jamais esteve. E, assim, estabelece alguns aconselhamentos nessa tarefa:

> Na medida em que a criança não tem familiaridade com o mundo, deve-se introduzi-la aos poucos a ele; na medida em que ela é nova, deve-se cuidar para que essa coisa nova chegue à fruição em relação ao mundo como ele é. Em todo caso, todavia, o educador está aqui em relação ao jovem como representante de um mundo pelo qual deve assumir a responsabilidade, embora não o tenha feito e ainda que secreta ou abertamente possa querer que ele fosse diferente do que é. Essa responsabilidade não é imposta arbitrariamente aos educadores; ela está implícita no fato de que os jovens são introduzidos por adultos em um mundo em contínua mudança. Qualquer pessoa que se recuse a assumir a responsabilidade coletiva pelo mundo não deveria ter crianças, é é preciso proibi-la de tomar parte em sua educação (ARENDT, 2007, p. 239, grifos nossos).

Dessas ideias depreendemos a enorme responsabilidade do professor com respeito à exigência de escrutínio cuidadoso ao elaborar sua proposta de "ensino" como ainda, a nosso ver, oferecendo possibilidades de participação dos alunos nas atividades e nas manifestações que possam explicitar em sala de aula, imprimindo com isso, a confiança nessa relação. Segundo Dewey (1952, p. 174): "A atitude de quem toma parte em alguma espécie de atividade é, conseguintemente, dupla: há o cuidado, a ansiedade pelas futuras consequências, e a tendência para agir, no sentido de assegurar as melhores e evitar as piores consequências" Trata-se da atitude de o indivíduo estar de olho num possível resultado que almeja. Partindo do pressuposto de que as ações são "[...] reações ao que sucede na situação em que tomam parte, e o bom êxito ou malogro de sua manifestação depende da ação recíproca entre elas e outras mudanças" (DEWEY, 1952, 175), cabe ao professor alterar, mudar as condições objetivas do ambiente em que se pretende produzir alguma consequência ou operacionalizar ações em vista da realização de algum propósito. Se assim for, vemos que os laços de comprometimento no trabalho se dão de forma não impositiva entre professor e aluno. O interesse – "força a mover os objetos" (DEWEY, 1952, p. 181) – aí o que está em jogo não é um mero estado pessoal, mas o conjunto total dos aspectos objetivos provocadores de reações por parte do sujeito envolvido numa determinada situação em que se cumpre a efetivação de algum resultado desejado. Assim, "A palavra interesse sugere, etimologicamente, aquilo que está entre – inter-esse – que reúne duas coisas que de outra forma ficariam distantes" (DEWEY, 1952, p. 177), não sendo, portanto, algo que diga respeito somente a aspectos subjetivos do aprendente. O princípio do interesse (inter-esse, significa 'estar entre', 'no meio de', 'situar-se entre' o sujeito – que é ativo, energizado, desejoso – e o objeto); é o que gera um propósito no indivíduo e, ao mesmo tempo, estimula a energia que o impulsiona para a realização. A atividade proposta deve fazer sentido ao sujeito, abarcando a dimensão pessoal da formação da sua personalidade, agregando-lhe algo novo, trazendo a ele mais do que o conhecimento de uma disciplina é capaz de lhe oferecer.

Até aqui vimos que o "ensino de filosofia" é uma atividade realizada pelo filósofo-educador, cuja personalidade não pode ser fragmentada na ambientação escolar. Em sala de aula, ele ensina algo (a filosofia) tomando parte do processo que acontece no dia a dia escolar a partir da sua expertise.

Nesse sentido, considerando que a teoria é construída e dinamizada na relação ao contexto que desafia a inteligência humana impondo problemas que urgem solução, precisamos levar em conta os dados objetivos em que a disciplina é veiculada e produzida. Ainda, em que campo efetivamente ela acontece? Contudo, uma questão já nos assalta a atenção: qual é a sensibilidade da filosofia, mesmo no presente, em relação ao ambiente em que tem se desenvolvido, para que se torne então "relevante" à formação do jovem e à sua escolarização? Qual o interesse do professor de filosofia pelo contexto educacional em que deve transitar teorias pedagógicas, estando elas claramente presentes ou até ausentes da escola – sempre tudo isso se constituindo em problema filosófico?

São questões, dentre outras, que tocam os "desafios" apontados em relação à "metodologia do ensino de filosofia". Por quê? Uma metodologia diz respeito inicialmente a um tipo de atividade que é "intencional", ou seja, devemos saber para onde vamos ou desejamos ir quando ensinamos "filosofia". E, ainda, estando isso acontecendo em escolas de "ensino básico"?! Que tipo de composição "formativa" a filosofia realiza junto às demais disciplinas? Ou, ela sozinha daria conta de tudo?! Como pensamos, afinal, o papel da filosofia na educação? E como pensamos a intencionalidade da educação escolar – da qual a disciplina necessariamente se compromete como projeto humano e social, pois sendo formal deve manifestar finalidades explícitas. Trata-se, pois, de um campo promissor para o trabalho do professor junto aos demais agentes educativos. Ou seja, em que medida esse profissional tem domínio e revela interesse pelos princípios e orientações – filosóficas – presentes nas "teorias pedagógicas" em vigência em sua instituição? Qual ou quais os componentes filosóficos que sua expertise pode muito bem esclarecer? Ou seja, a disciplina de filosofia não acontece "sozinha" numa escola, nem o seu saber é assim, tão soberano, a ponto de dispensar o diálogo com os demais saberes para alcançar níveis de realização plenos.

Ademais, quando vira uma disciplina de ensino básico, a que a disciplina efetivamente se compromete, diferentemente do contexto disciplinar responsável pela formação do professor de filosofia ao realizar a sua graduação? O tema "ensino de filosofia" em si mesmo traz, portanto, uma gama de questões, muitas das quais aparecem referindo-se enfaticamente à formação dos seus professores no ensino superior, aos seus projetos de formação para atuarem em sala de aula com os adolescentes. Esses profissionais vêm sendo formados para assumirem essa função, entendendo-se como "educadores"? Essa aproximação da filosofia e educação, a meu ver, é fundamental ao sucesso desse trabalho.

Nos tempos atuais, dada à ênfase nos conteúdos escolares associados aos recursos digitais e as novas tecnologias, alguns autores têm observado uma atribuição de maior importância à aprendizagem (professores denominados facilitadores da aprendizagem, escolas intituladas como ambientes de aprendizagem, alunos como aprendizes e a educação em si mesma como ensinoaprendizagem), fenômeno designado pelo filósofo da educação escocês (da Universidade de Luxemburg), Gert Biesta, como learnification. Isso no sentido de veicular uma nova linguagem "da aprendizagem" – tendo o aprendiz como consumidor e as instituições como "fornecedoras" – acompanhada de uma retórica em defesa da educação tecnológica (aprendizagem e os instrumentos tecnológicos enquanto mercadoria). Desse modo, segundo o que as pesquisas vêm mostrando, há na atualidade esse acoplamento da "aprendizagem" aos instrumentos digitais e a educação vem se transformando em problema técnico ou tecnológico, uma commodity, importando quando se observa o valor que se agrega aos seus fazeres e saberes. Assim, observa-se que esse fenômeno adota ponto de vista a-histórico e apolítico, escondendo os vínculos da organização curricular com os efetivos fatores políticos e econômicos, mostrando o perigo de os dados, a estatística, as tabelas etc. serem aqueles responsáveis para a tomada de decisão, substituindo a posição dos educadores. O mais importante é atender ao consumidor e não em propor a ele o que ele deve mesmo saber.

Com efeito, entendemos que a disciplina de filosofia no contexto da educação oferece subsídios teóricos, o conhecimento filosófico, mas seu trabalho deve ir para além da ideia de "aprendizagem", proporcionando principalmente a cada indivíduo a oportunidade de entender-se existencialmente no novo contexto do mundo. Educação, de modo ampliado, seria a formação para o exercício da liberdade dos sujeitos; e, em se tratando de "formação" – não especialmente "técnica – entendemos que o trabalho da disciplina de filosofia alce voos para além da sala de aula, nos espaços sociais em que os sujeitos possam efetivamente julgar, analisar, entender, experimentar novas formas de pensar, praticando a sua liberdade de pensamento.

O trabalho docente é um trabalho de conquista do outro, um exercício com individualidades e singularidades, configurando-se numa arena de sacrifícios para incorporar noções e ensinamentos jamais conhecidos, de opções e escolhas feitas pelos envolvidos, exigindo-lhes responsabilidade e comprometimento. Pois, "educar" não se reduz aos minutos de trabalho dispensados em sala de aula nas atividades de ensino; e, nem se compreende o "ser educado" apenas na revelação de adequadas atitudes exclusivas ao contexto de sala de aula ou ao ambiente escolar.

Conclusão

Em nosso entendimento, a apreensão de uma ideia clara a respeito da "educação" é pressuposto para a discussão sobre o "ensino" e deve, portanto, ser explorada pela filosofia que deve encarar tais conceitos como problema. Pois, como nos mostra Arendt (2007): "Não se pode educar sem ao mesmo tempo ensinar; uma educação sem aprendizagem é vazia e portanto degenera, com muita facilidade, em retórica moral e emocional. É muito fácil, porém, ensinar sem educar, e pode-se aprender durante o dia todo sem por isso ser educado" (ARENDT, 2007, p. 246-247, grifos nossos). Disso resulta o grande desafio para o professor de filosofia, como de qualquer outra disciplina, pois constituem-se agentes educativos com suas especialidades. Não basta tentar compreender o trabalho do professor em sala de aula, sem antes ter investigado o âmbito em que este ensino se dá, para quê é proposto e, logo, como deve ser realizado.

Contudo, a nosso ver, a abordagem sobre o "ensino" ao tratar-se da disciplina de filosofia não poderá ser feita de forma meramente técnica – até pode, mas, guardadas as suas reservas, talvez, por questões circunstanciais.

Porque – os filósofos – diferentemente dos pesquisadores empíricos – não são inclinados a simplesmente adotar um ponto de vista específico sobre o que o "conhecimento verdadeiro" envolve, eles tendem a relacionar as considerações metodológicas às questões epistemológicas fundamentais. Consequentemente, parece inevitáveis o surgimento de diferentes opiniões sobre os temas metodológicos e uma pluralidade de métodos que disso resulta (HEYTING, 2001, p. 01, tradução nossa).

Mais à frente no mesmo texto (p. 03), a mesma autora defende que os filósofos no seu trabalho, em princípio, desejam combater as dúvidas fundamentais, ao mesmo tempo em que criam outras. Na ânsia de resolver o problema da verdade, a filosofia se atém com atenção às questões de como fazê-lo, não alcançando, todavia, um consenso amplamente aceitável e, por muito tempo, – diferentemente das ciências empíricas. Retomando Wittgenstein para ilustrar essa ideia, Heyding cita uma sua afirmação: "A filosofia está sempre 'atormentada pelas questões que a colocam a si mesma como problema'" (WITTGENSTEIN apud HEYDING, p. 04). No nosso entendimento, se o professor de filosofia não apresentar a disciplina conforme as suas próprias características, estaria desvirtuando o seu caráter e a consequente compreensão desse trabalho por parte dos estudantes.

O que até aqui vimos nos permite compreender que o "ensino de filosofia" apresenta uma prática de natureza filosófico-educativa. A tarefa do professor, nesse caso, se realiza num campo em que as esferas da filosofia e da pedagogia se encontram, se esbarram, se implicam – pois se trata de um ensino de caráter intencionalmente formativo que preconiza um ponto de chegada que deve estar explícito nas ações dos agentes educativos. É, portanto, no campo da educação que o professor de filosofia se constitui um profissional – o que parece simples e comumente afirmado, contudo, nem sempre esclarecido. Mas, por sua vez, por ele ser um expert em filosofia é que se constitui um professor da disciplina. Logo, sendo um professor-filósofo-"educador" tem o homem em formação firmado no centro das suas preocupações. Eis o dilema que reside em seu cotidiano e que alimenta o seu trabalho.

No que diz respeito mais diretamente à educação, à primeira vista, parece ela ser compreendida de forma instrumental, não havendo nela mesma qualquer especificidade. Nesse sentido, é defendida como um conjunto de conteúdos e procedimentos formativos para a produção de sujeitos de tipo A ou B conforme o estabelecido pela ordem social. Isso é apenas parcialmente verdade. Ninguém educa para a inadaptação do homem ou da mulher, dificultando sua inserção no meio em que vive e tornando-o inábil para as tarefas do tempo e espaço em que vive. Contudo, para a educação se pede mais! Pois, seus procedimentos (o ensino proposto) em seu conjunto, devem atingir o âmago do ser humano, para que seja possuidor das competências necessárias enquanto humano, alguém comprometido com o que há nele de melhor para ajudar a transformar, renovar, alterar a realidade, seguindo as mudanças com as menores perdas possíveis de si mesmo, sendo capaz de julgar o que é mais produtivo em seu repertório de experiências para o acompanhamento desse processo que é infindável: a vida, em seus aspectos múltiplos (individual e social). Sabemos das preocupações de Rousseau, por exemplo, com o sentido instrumental da educação. Para o genebrino: "Na ordem social, onde todos os pontos são marcados, cada um deve ser educado para o seu. Se um particular formado para seu posto vem a deixá-lo, já não serve para nada" (ROUSSEAU, 1995, p. 14).

Nesse sentido, quando organizamos nossas ações educativas devemos ter em mente apresentar algo ao indivíduo suficientemente inédito que o torne diferente do que antes era, de forma que o seu retorno ao mundo da vida e da coletividade, o faça de modo igualmente diferente, com uma compreensão correspondente aos propósitos estabelecidos pelas ações dos profissionais responsáveis em grande parte por sua aprendizagem e seu aprimoramento. Isso invalida a sinonimização da educação com um "mero treinamento" no uso de técnicas e métodos, mesmo que de excelência.

Como entendemos, a filosofia manifesta atenção e dedicação especiais aos problemas trazidos ao seu campo de trabalho. E a relação do "filosofar, aprender e ensinar" não se constitui em questão menor e nem mais simples (como pudemos ver), logo, de menor monta, uma vez que requer a atenção a vários fatores que atravessam o objeto de interesse, que se cruzam e se enredam mutuamente. No caso do presente texto, versamos sobre um dos aspectos do problema, a questão da metodologia do "ensino da filosofia", o qual, mesmo assim, permitiu muito bem o tratamento reflexivo, investigativo e argumentativo, pois apresenta "desafios" que, em resumo, podem ser ilustrados pelas perguntas: qual o entendimento que se tem sobre o papel do filósofo-educador quanto ao ensino que realiza nas escolas, como deve operar para dar conta de suas responsabilidades e com que finalidade? Qual a relevância da discussão filosófica no contexto da determinação legal que obriga o ensino de filosofia no Brasil?

Mas... e, quanto às "possibilidades"? Simplesmente elas residem no bom preparo dos professores que em posse desse conhecimento, são capazes de estimular o exercício do "livre" pensamento e a prática da "justiça" para que o homem "verdadeiro" aconteça.

Penso que tais questões representam muito do que se busca concretizar nas reflexões e propostas que compõem esta publicação.

REFERÊNCIAS

ARENDT, H. A crise na educação. In: *Entre o passado e o futuro*. Trad. Mauro W. Barbosa. São Paulo: Perspectiva, 2007, p. 221-247.

BIESTA, G. *Informações adquiridas na internet*. 2007 Haugsbakk, G. & Nordkvelle, Y. 'The Rhetoric of ICT and the New Language of Learning: a critical analysis of the use of ICT in the curricular field' European Educational Research Journal 6/1 1 – 12 – Baseado no texto encontrado na internet. Disponível em: <http://eltjam.com/learnification/>. Acesso em: 11 out. 2014.

DEWEY, J. *Democracia e educação*. Trad. Godofredo Rangel e Anísio Teixeira. São Paulo: Cia. Editora Nacional, 1952.

FREIRE, P. *Pedagogia do oprimido*. 5. ed. São Paulo: Paz e Terra, 1978.

_____. *Educação e atualidade brasileira*. São Paulo: Cortez e Instituto Paulo Freire, 2001.

HEYTING, F. Methodological traditions in philosophy of education: introduction. In: *Methods in philosophy of education*. London and New York: Routledge, 2001.

LARA, T. A. *Caminhos da razão no ocidente – a filosofia ocidental, do Rescimento aos nossos dias*. 3. ed. Petrópolis, RJ: Vozes, 1988.

MENDONÇA, S.; TORTELLA, J. C. B.; SILVA, A. O. *Linhas Críticas*, Brasília, DF, v. 19, n. 40, p. 595-608, set./dez. 2013. Disponível em: <http://periodicos.unb.br/index.php/linhascriticas/article/view/9114/7537>. Acesso em: 11 out. 2014.

ROUSSEAU, J. J. *Emílio ou da educação*. São Paulo: Martins Fontes, 1995.

SEVERINO, A. J. *A filosofia contemporânea no Brasil – conhecimento, política e educação*. Petrópolis, Vozes, 1999.

TEIXEIRA, A. A crise educacional brasileira. In: *Educação no Brasil*. São Paulo: Cia. Editora Nacional. 1969, p. 35-58.

VITA, L. W. *Panorama da filosofia no Brasil*. Porto Alegre: Editora Globo, 1969.

WINCH, C.; GINGELL, J. Educação. In: *Dicionário de filosofia da educação*. Trad. Renato Marques de Oliveira. São Paulo: Editora Contexto, 2007, p. 78-82.

FILOSOFIA COMO DISCIPLINA ESCOLAR: História, Políticas e Práticas Formativas

Adriana Maamari Mattar
Professora de Filosofia na Universidade Federal de São Carlos[13]

Contexto Histórico da Inserção da Filosofia como Disciplina Escolar

A Filosofia no Brasil volta à cena com sua re-introdução nos currículos escolares, uma vez que havia sido suprimida durante o período da ditadura militar através da Lei 5.692 de 1971. Um breve histórico da Filosofia como disciplina escolar, evidencia as muitas ocasiões em que ela esteve presente para depois ser retirada dos currículos. Antes de tratarmos propriamente da especificidade deste campo de estudos, consideramos pertinente fazer uma rápida digressão sobre as continuidade e rupturas que acompanham a Filosofia nos currículos escolares brasileiros.

---

13   Adriana Mattar Maamari possui Doutorado (Doctorat d´État) em Filosofia pela Université Paris Ouest Nanterre la Défense - France (2008) e Doutorado em Filosofia pela Universidade de São Paulo - (2008). Tem Mestrado em Filosofia pela Universidade de São Paulo (2002), Graduação em Bacharelado (1995) e Licenciatura (1996) de Filosofia pela Universidade de São Paulo, e Graduação em Bacharelado de Ciências Sociais (1991) pela Fundação Escola de Sociologia e Política de São Paulo. Atualmente exerce o cargo de Docente Associada na Universidade Federal de São Carlos, atuando no Ensino de Graduação junto ao Curso de Licenciatura de Filosofia e na Pós-Graduação junto ao Programa de Educação. É membro de três conselhos editoriais: do periódico Revista Sul-Americana de Filosofia e Educação da Universidade de Brasília DF (ISSN 16798785); do periódico Fermentario da Facultad de Humanidades y Ciencias de la Educación, Universidad de la República, Montevideo, Uruguay (ISSN 16886151); da Coleção Filosofia e Ensino da Editora UNIJUÍ RS. Tem experiência nas áreas de Filosofia e Educação, com ênfase em Ética e Filosofia Política, Teoria Política, Direitos Humanos, Ensino de Filosofia, Formação de Professores, Epistemologia e Estética. Atualmente coordena o grupo de pesquisa "Aspectos Éticos, Políticos, Estéticos e Epistemológicos das Teorias e Práticas Escolares ou Educacionais"; o Laboratório de Ensino de Filosofia e Formação de Professores (Lenfi) e o curso de Pós-Graduação em Ensino de Filosofia (Lato Sensu) da UFSCar.

Sabemos que a nossa história tem particularidades, ainda que tenhamos aspectos comuns a países de contextos políticos, econômicos e culturais semelhantes. No que tange ao ensino de Filosofia nas instituições escolares da Educação Básica, é possível perceber os elementos que nos diferenciam, inclusive, de países vizinhos como é o caso da Argentina e do Uruguai.

Para um posicionamento adequado frente ao momento em que nos encontramos, o da volta da disciplina de Filosofia à Escola Básica, é importante termos clareza da complexidade que o assunto implica, sob a luz dos eventos históricos que indicam as sucessivas introduções e retiradas da disciplina nos currículos escolares. Faremos, portanto, preliminarmente, uma breve exposição histórica, retomando-o ulteriormente no contexto propriamente dos desafios que envolvem a especificidade do ensino filosófico nas escolas de educação básica.

A Filosofia foi inserida nos currículos das escolas brasileiras no século XVII, precisamente no ano de 1663, momento em que foi criada a primeira escola de Ensino Secundário pela companhia de Jesus, em Salvador, Bahia. Trata-se, neste caso, de um ensino de caráter doutrinário e confessional, de acordo com a *Ratio Studiorum*, ou seja, uma espécie de "cartilha" implementada e rigorosamente seguida pelas instituições jesuíticas do mundo todo. Salvo algumas pequenas modificações, a Filosofia assim concebida perdurou até o século XIX nas escolas. No final deste século ela foi retirada, no momento em que o regime republicano foi implantado e com ele a ideia de que em seu lugar deviam estar disciplinas e conteúdos de formação científica.

Logo após essa retirada, ela foi novamente incluída em 1901. Entretanto, permaneceu por um curto período, sendo retirada em 1911. Em 1915 retorna como disciplina optativa e em 1925, em caráter obrigatório. Em 1932 e 1942, períodos de reformas educacionais, a Filosofia foi mantida, mas concebida como responsável pelo ensino de Lógica e da História da Filosofia, numa abordagem a partir de manuais e cunho enciclopedista. Como já foi dito anteriormente, em 1971, sob Ditadura Militar, ela foi novamente retirada para ceder lugar a disciplinas de cunho patriótico e doutrinário, intituladas *Organização Social e Política do Brasil (OSPB), Educação Moral e Cívica (EMC) e Educação para o Trabalho (EPT).* Esta substituição deu-se em razão da caracterização que fazia o regime totalitário vigente sobre o ensino de Filosofia: atribuia-se a este ensino um teor de formação crítica e aos seus respectivos conteúdos um teor subversivo e transgressor, intolerável portanto no processo de educação dos jovens que poderiam, assim formados, contestar a ordem política estabelecida.

O período da ditadura militar fez com os brasileiros ficassem 29 anos sem direito a voto para presidente da República. Os chefes militares tinham o poder de decisão de quem iria ao Planalto e o Congresso Nacional; aprovavam sem contestar os nomes indicados para chefiar o poder Executivo. Esses presidentes dispunham de poderes quase ilimitados: podiam fechar o Congresso, legislar por decretos, suspender direitos políticos, anular mandatos eletivos, mandar para a prisão sumariamente qualquer pessoa, sem prestar contas a ninguém. Nessas condições, os poderes Judiciário e Legislativo não tinham escolha senão a de concordar com as decisões do Executivo. Os partidos políticos foram extintos e substituídos por apenas dois, impostos pelo regime: Arena (Aliança Renovadora Nacional) e MDB (Movimento Democrático Brasileiro). Para aqueles que se opuseram, muitas vezes, o regime usou de censura, terror policial e tortura como método de interrogatório dos presos políticos, levando muitos deles à morte. Os países vizinhos, como a Bolívia, o Uruguai, o Chile e a Argentina, atravessaram juntamente com o Brasil um período de ditadura militar.

Em 1973, Ernesto Geisel, um militar eleito da mesma forma que os generais-presidentes que o antecederam e que pertencia ao grupo inicial que derrubou João Goulart e implantou a ditadura, deu alguns passos no sentido da redemocratização do país: retirou os coronéis das universidades e das redações dos jornais, revogou o AI-5 e até exonerou um comandante de exército, Ednardo D'Ávila Melo, por conivência com torturas e presos políticos.

Finalmente, o último general a governar o país foi João Baptista Figueiredo e, em 1983, os militares se recolheram aos quartéis. Essa decisão se deveu, em parte, ao movimento popular pelas *diretas-já*: exigiam-se eleições livres e universais para presidente da República. Apesar de toda a euforia, milhões de pessoas foram às ruas com bandeirinhas verde--e-amarelo ouvir os líderes da oposição. As forças conservadoras do Congresso derrotaram a emenda constitucional que resgatava esse direito ao povo brasileiro. Coube ao Colégio Eleitoral – criado pelo regime autoritário – eleger Tancredo Neves, um político do tempo e da confiança de Getúlio Vargas. Seu vice, José Sarney, esteve à sombra do regime militar, pois foi presidente do PDS (Partido Democrático Social) que dava sustentação política ao sistema. Contudo, Tancredo neves é acometido por uma infecção generalizada e falece antes mesmo de sua posse.

Embora a redemocratização brasileira transcorresse lentamente, as lutas sociais avançavam mais rapidamente. É o caso do movimento das mulheres, da luta pela anistia aos presos políticos, dos negros, das nações indígenas, dos homossexuais, dos sem-terra, além de vários outros. A defesa do retorno da disciplina de Filosofia nas escolas insere-se no contexto dessas lutas do período.

A Lei de Diretrizes e Bases da Educação Nacional (Lei 9394/96) fez alusão direta aos CONHECIMENTOS de Filosofia. O texto indicava que os estudantes, ao final do Ensino Médio, deveriam "dominar os conhecimentos de filosofia e de sociologia necessários ao exercício da cidadania". Nos anos de 1998 e 1999, momento em que são publicados Os *Parâmetros Curriculares Nacionais (PCN)* para o Ensino Fundamental (1998) e para o Ensino Médio (1999), os conteúdos de Filosofia mencionados na LDB de 1996 passam a ser especificados, sendo considerados de natureza transversal, com ênfase nas áreas de Ética e Cidadania e figurando no âmbito comum das "Ciências Humanas e Suas Tecnologias"[14].

O caráter transversal de determinados temas que compõem os conhecimentos filosóficos foram aprovados pelo Conselho Nacional de Educação em 1998 (Resolução CEB/CNE nº3/98) e passaram a constituir as bases normativas para o ensino de Filosofia no Brasil. Esta compreensão não excluía o ensino disciplinar de Filosofia nas escolas, mas também não o obrigava. A referência explícita continha a exigência de conhecimentos filosóficos compreendidos transversalmente, o que na prática implicava em que professores de outras disciplinas do Ensino Fundamental e Médio pudessem ensinar tais conteúdos. A figura do professor com formação em Filosofia e a implantação da disciplina dotada de um campo epistemológico específico não eram exigências que se faziam no contexto legal da época.

A Filosofia como disciplina específica dos currículos do Ensino Médio no Brasil foi aprovada recentemente. Trata-se da Lei 11.684, assinada pela presidência da República em junho de 2008. Esta Lei tem como base o parecer n. 38/2006 que tramitou no Conselho Nacional de Educação/Câmara da Educação Básica, e foi aprovado por unanimidade em 7 de julho de 2006. Este parecer, de autoria do sociólogo César Calegari, interpretou o texto legal anteriormente vigente e sugeriu a modificação do contexto legal anterior, onde se via expressamente o reconhecimento da importância dos conhecimentos de Filosofia e Sociologia como necessários ao exercício da cidadania (Lei de Diretrizes e Bases n. 9.394/96), mas os remetia para a difusa e imprecisa condição de receberem o que designavam como "um tratamento interdisciplinar e contextualizado", devendo estar deste modo presentes

---

14   Pendurar no moodle o endereço do MEC para acessar PCN, PCN+, LDB 9394/96

nos projetos pedagógicos das escolas (artigo 10 da Resolução CNE / CEB n. 3/98).

A implantação definitiva da disciplina Filosofia, no entanto, está sob responsabilidade dos governos estaduais e dos respectivos Conselhos Estaduais de Educação, padecendo ainda de algumas dificuldades, como contratação de professores com formação específica na área para ministrarem a disciplina, entre outras.

Os episódios que marcaram em Brasília a discussão, aprovação e homologação pelos CNE/CEB e Ministério da Educação em Brasília contaram com representantes de estudantes, instituições de ensino, pesquisadores e professores que estiveram mobilizados para que tal medida viesse a ser definitivamente implementada em âmbito nacional. As entidades que acompanharam o processo foram APEOESP, CNTE, CONTEE, SINSESP, UBES, ANPOF e o FÓRUM SUL BRASILEIRO DE FILOSOFIA E ENSINO.

Toda esta mobilização foi ocasionada em razão de antes disso haver, no âmbito nacional, um contexto legal que reconhecia a importância dos conhecimentos de Filosofia e Sociologia como necessários ao exercício da cidadania. Esta situação levou ao aparecimento de uma oposição que se expressava dos mais variados modos, todos convergindo no aspecto da defesa do retorno da Filosofia como disciplina e não remetida a um viés de interdisciplinaridade e contextualização, em que o campo epistemológico e a existência efetiva deste tipo de conhecimento não estivessem assegurados nos currículos escolares. Recaía sobre a Sociologia o mesmo problema e, como reação, várias frentes de mobilização foram articuladas. Existiram projetos de lei, políticas públicas traçadas nos sistemas estaduais de ensino e nos legislativos, além de uma série de atividades que valorizassem a formação filosófica no âmbito da sociedade civil. Por fim, neste contexto também surgem os fóruns regionais de Filosofia e Ensino.

No Brasil, em cada uma das regiões, foram criados Fóruns Regionais de Filosofia e Ensino, sendo que o mais antigo dentre eles é o Fórum Sul Brasileiro de Filosofia e Ensino, criado a partir do final dos anos 90. A trajetória deste fórum, desde o início, foi acompanhada de Simpósios, eventos anuais que procuravam reunir os professores/pesquisadores que tivessem contribuição relevante no âmbito do ensino de Filosofia e mais estritamente, na temática específica a cada ano. Com isso, a lacuna bibliográfica sobre o ensino de Filosofia foi sendo significativamente preenchida na forma de um livro, lançado a cada simpósio, além dos anais contendo os textos integrais de todos os participantes.

Vale ressaltar a característica dos fóruns e, mais especificamente, do Fórum Sul. Inicialmente concebido como Fórum dos Coordenadores de curso de Filosofia passou a ser o Fórum dos Cursos de Filosofia. Esta organização é significativa quando pensamos na realidade dos cursos superiores de Filosofia no país, em que geralmente uma grande parte do corpo docente não se interessa por questões relativas ao ensino, muito menos apresenta experiência docente na Educação Básica. Num contexto mais recente de reformulações curriculares, mesmo os cursos de Licenciatura em Filosofia não apresentaram efetivos interesses em se orientarem para um compromisso com a formação de professores. Portanto, uma articulação entre os cursos superiores de Filosofia, os professores da Educação Básica e as políticas públicas ficará sendo o nosso maior desafio a partir da aprovação da obrigatoriedade da disciplina. Mais do que nunca, a organização dos fóruns de Filosofia e Ensino por todo o país se faz necessária para que os cursos superiores possam fazer frente àquilo que toda a sociedade espera das escolas: professores capacitados a conduzir com eficácia o processo de constituição do pensamento filosófico, cujo valor está expressamente justificado no texto do Parecer CNE/CEB n. 38/2006:

"Preliminarmente, reitera-se a importância e o valor da Filosofia e da Sociologia para um processo educacional consistente e de qualidade na formação humanística de jovens que se deseja sejam cidadãos éticos, críticos, sujeitos e protagonistas. Esta relevância é reconhecida não só pela argumentação dos proponentes, como por pesquisadores e educadores em geral, inclusive não filósofos ou não sociólogos".

Todos aqueles que abraçam a formação superior em Filosofia até os dias de hoje sabem do abismo que tradicionalmente tem separado a Educação Básica do ensino superior. Alguns jovens universitários interessados em se tornar professores de Filosofia, logo no início de sua formação, são desestimulados e acabam por vezes desistindo por completo desta perspectiva de trabalho. Outros, que poderiam descobrir aptidões e interesses por este campo de atuação, nem chegam a vislumbrá-lo. Esta, infelizmente, é a realidade de muitos dos cursos superiores, ainda que sejam de licenciatura em Filosofia. Sendo assim, as iniciativas que garantam a aproximação entre os níveis da educação superior e básica, mais do que louváveis, são necessários na atual conjuntura. A legislação que entra em vigor impulsionará e exigirá esta aproximação, como pôde ser percebido nos fóruns regionais.

O evento do Fórum Sul, ocorrido no ano de 2006 na cidade de Londrina-PR, acabou se transformando num grande marco na história do Fórum Sul Brasileiro pelo nível de abrangência, elevado grau de participação dos envolvidos e comparecimento de representantes da ANPOF, CAPES e CRUB, além de membros do governo e das políticas públicas atuais, o que se revelou pela qualidade dos trabalhos, das discussões e dos artigos publicados no livro e anais. A força política que surgiu do envolvimento dos participantes culminou na elaboração e aprovação de uma petição, intitulada "Carta de Londrina", encaminhada pessoalmente aos conselheiros do CNE antes e durante a votação; ao ministro da Educação,

Fernando Haddad, em audiência e a todas as outras instâncias em que o ensino de Filosofia esteve colocado na ordem do dia. A petição contou como signatários com as entidades presentes no evento, os membros de cada fórum regional e todos os profissionais, alunos e simpatizantes da defesa da volta da Filosofia nas escolas. A coordenação do Fórum Sul presente em Brasília, tomou assento na reunião do CNE / CEB de junho último, em que apresentou a carta e a principal reivindicação dos seus signatários. A petição e a representação do fórum, naquele momento, tiveram caráter nacional e podem ser consideradas o primeiro gesto político de uma articulação nacional que reuniu todos os fóruns do país.

Podemos argumentar a favor da volta da disciplina de Filosofia nos currículos escolares da Educação Básica brasileira de vários modos. Um aspecto dessa importância é o fato de, na atualidade, nos depararmos cada vez mais com a necessidade de termos instrumentos cognitivos para pensar sobre o pensar, ou seja, para estarmos aptos à reflexão e à atividade filosófica. Neste caso, conceberíamos a Filosofia e o seu estudo numa acepção ampla, como um conhecimento capaz de se voltar a qualquer objeto de natureza exterior ou interior ao próprio sujeito, permitindo que este alcance à fundamentação deste objeto por um lado, e por outro, capacitando-o a lançá-lo num contexto mais abrangente, com vistas a sua compreensão e problematização. Em outras palavras, apreender transitar nos variados domínios do conhecimento humano que são estudados ao longo da Educação Básica, tanto quanto inseri-los no contexto histórico, político-econômico e cultural, são habilidades indispensáveis para um futuro sujeito político autônomo capaz, antes de tudo, de ter consciência da própria existência e do mundo que o cerca.

Para mantermos com seriedade aquilo que tanto reivindicarmos, mais importante do que assegurar o contexto legar da obrigatoriedade da disciplina é sua consolidação nos currículos escolares. Caso as universidades permaneçam alheias a sua responsabilidade social com os futuros profissionais e a formação continuada daqueles que já são professores – por meio de cursos, eventos, projetos de extensão – poderemos novamente ter que lamentar profundamente a retirada da disciplina dos currículos. Neste momento, é inegável que embora as universidades não tenham efetivamente abarcado estes interesses e não estejam, portanto, no centro da responsabilidade pela conquista, os contextos estaduais quando observados revelam que a decisão nacional encontra um cenário altamente favorável, com dezenove estados tendo já implantado Filosofia e Sociologia como disciplinas obrigatórias e dois como disciplina optativa. Este quadro configurou-se a despeito do contexto da legislação nacional que havia e da resistência de grande parte dos professores de Filosofia do ensino superior. Ocorreram múltiplos movimentos, espontâneos ou organizados, contínuos ou interrompidos, que puderam, cada qual a seu modo, culminar em conquistas pontuais ao longo do tempo, gerando um espectro de ação mais amplo, inspirando outros em diferentes graus de mobilização à mesma conquista. Este foi o caso do Fórum Sul Brasileiro, que tem cada vez mais conquistado adeptos no interior das universidades e assim contribuído para a mudança da realidade desses cursos.

Um problema que precisaremos enfocar e solucionar é o que diz respeito aos professores que atualmente não possuem formação superior em Filosofia. As conseqüências, neste caso, poderão ser negativas, ameaçando inclusive a consolidação da disciplina. Segundo dados da secretaria da educação básica (SEB / MEC) existem 10.452 professores de Filosofia na rede pública. De acordo com o Censo Escolar de 2005, existem 23.561 escolas de Ensino Médio, sendo 16.570 públicas e 6.991 privadas. Estes dados nos oferecem uma noção do desafio que teremos pela frente. A rede estadual de ensino, em geral, é responsável pela oferta do ensino médio, contexto em que a participação das escolas particulares, proporcionalmente, também se amplia. Atualmente, alguns Estados da federação passaram a promover concursos públicos para contratação de professores efetivos de Filosofia, como foi o caso do Paraná e de São Paulo, o que permitiu que a disciplina tivesse, de maneira efetiva e obrigatória, espaço nos currículos escolares, sobretudo em nível médio.

A presença da disciplina de Filosofia nos currículos escolares da Educação Básica brasileira envolverá todos esses aspectos necessários a sua efetiva consolidação. Os fóruns regionais e a criação de um Fórum Nacional de Filosofia e Ensino, tomando para si esta tarefa, será um valioso instrumento para que alcancemos este propósito.

Em algumas universidades públicas, a Filosofia integra o concurso vestibular, mesmo antes da aprovação da obrigatoriedade do seu ensino em 2006. Este é outro aspecto que contribuiu para a introdução paulatina da disciplina nas escolas públicas e particulares, em certas regiões do país. Em geral, o momento da inclusão da Filosofia nos vestibulares esteve ligado a uma tentativa de reformulação geral do concurso, que deixaria de selecionar os candidatos pelo êxito na assimilação mecânica de conhecimentos fragmentados, expressos principalmente por meio da memorização, passando a se exigir um resultado satisfatório em questões que envolvessem interpretação, análise, estabelecimento de relações, capacidade de contextualização e, por fim, a expressão de ideias claras de maneira crítica e reflexiva. Esta concepção pedagógica norteou o enfoque e a organização temática de algumas provas. A inserção da disciplina de Filosofia, na ocasião desta implantação, esteve em consonância com o desenvolvimento das habilidades e competências requeridas do aluno egresso da Educação Básica, previsto no texto da LDN e das DCNEM, a partir de 1998, conforme expomos anteriormente e dos PCN e das OCN.

Existem algumas razões apontadas pelos críticos à introdução da disciplina nas escolas públicas como justificativa a esta tomada de posição. Neste momento, gostaríamos de nos ater a uma delas, pela sua natureza filosófico-política e por figurar na cena de um debate mundial da atualidade. Um dos pontos levantados pelos críticos, que pretendemos destacar, é a suposta insuficiência de profissionais para atender à demanda recente de novos postos de trabalho na rede de ensino. Os cursos superiores de Filosofia no país existem basicamente em três diferentes tipos de formação ou habilitação, a saber: licenciatura (formação de professores); bacharelado (formação de pesquisadores); seminarísticos (preliminares à formação de lideranças clericais). Para atendermos à necessidade nacional de professores para o Ensino Médio, os cursos superiores de licenciatura em Filosofia devem ampliar a oferta de vagas e melhorarem sua qualidade.

Não é mais possível que uma parcela dos professores desses cursos mantenha-se alheia à profissionalização dos seus alunos, futuros professores de Filosofia. Cabe lembrar que tais cursos sofreram modificações significativas a partir de 2002, quando da publicação das *Diretrizes para a Formação de Professores*, a partir das *Resoluções do CNE 01 e 02 de fevereiro de 2002*, que determinaram o acréscimo de horas de Práticas de Ensino e de Estágio Curricular Supervisionado, de forma que tais cursos assumissem efetivamente sua condição de Formadores de Professores para a Escola Básica[15]. Gradativamente, então, passou a ocorrer, ainda que timidamente, um claro investimento e interesse político na questão do ensino no interior desses cursos superiores.

Poderíamos então, fazer as seguintes questões: "Qual é o perfil do egresso dos cursos superiores de Filosofia no país?" E a seguir, o que se desdobra desta primeira indagação: "Como seria a atuação deste egresso como professor de Filosofia nas escolas da Educação Básica?" Responder a estas questões torna possível que tratemos a legislação de modo crítico e responsável, propondo a conservação, alteração ou ainda a supressão. A legislação que prevê a existência da disciplina

---
15 Inserir as Resoluções CNE/01 e 02/2002.

traz consigo a obrigação que recai sobre os cursos superiores de Filosofia de atenderem a demanda de professores, o que em sentido quantitativo é mais simples, bastando a ampliação de vagas e de cursos, incluindo aqui a Educação a Distância como modalidade possível, ainda que seja um tema não consensual entre professores e pesquisadores da área. O principal problema que os cursos superiores enfrentam é assegurar uma formação de professores que os prepare, não só em erudição e repertório filosófico-conceitual, mas também como profissionais do ensino. Tal formação passa a exigir que os cursos de licenciatura em Filosofia constituam novas práticas formativas, que ultrapassem modelos pautados na exposição do professor, na escuta do aluno e na retenção de informações.

A disciplina Filosofia no contexto da norma

Em 05 de agosto de 1998 foi publicado, no Diário Oficial da União, a resolução do Conselho Nacional de Educação/ Câmara de Educação Básica que instituiu as Diretrizes Curriculares Nacionais para o Ensino Médio. O documento é de cunho normativo e obrigatório, e estabelece uma nova concepção de Ensino Médio, à luz da Lei de Diretrizes e Bases da Educação, Lei 9.394, de 20 de dezembro de 1996, bem como uma inovadora concepção curricular, voltada para áreas de conhecimento que buscam, entre si, interdisciplinaridade, contextualização, criticidade e promoção da autonomia dentro da diversidade pertinente ao nosso país. Não queremos ocupar esse espaço com uma análise pormenorizada destas Diretrizes, mas, tão somente, explicitar o lugar da Filosofia e do seu ensino no documento oficial. Nesse caso, queremos destacar o *Artigo 10* que versa sobre a organização do currículo do Ensino Médio em bases de áreas do conhecimento e os *Artigos 2° e 3°* que rezam, respectivamente, sobre os valores e os princípios do currículo do Ensino Médio. Sublinhamos que elegemos, cirurgicamente, esses artigos por estarem explícitos neles a nomenclatura conceitual filosófica, além de explicitar áreas de saber e digressão reflexiva da Filosofia.

Para além do conteúdo normativo, as Diretrizes apontam princípios éticos, estéticos e políticos[16] (com a finalidade de contemplar os valores apresentados na LDB – respeito ao bem comum e à ordem democrática, vínculos de família, laços de solidariedade, tolerância recíproca além do interesse social)[17], que, não somente subsidiem, mas que se façam presentes na prática administrativa do sistema de ensino, na convivência escolar, nas situações de ensino/aprendizagem, na organização curricular, além de iluminar a formulação e implementação de políticas educacionais. Emergem das Diretrizes os princípios que devem emaranhar todos os envolvidos na experiência educativa, e constituem-se numa: a) Estética da Sensibilidade que estimule a inventividade, a curiosidade e o inusitado na experiência educativa, bem como a formação de subjetividades abertas à inquietação, à incerteza, a imprevisibilidade e a diversidade, além de valorizar a liberdade responsável nos diversos lugares do mundo humano; b) Política da Igualdade que, em primeiro lugar, reconheça e respeite os direitos humanos necessários para a prática do respeito ao bem comum e da igualdade de acesso aos bens sociais e culturais, que busquem e pratiquem a responsabilidade no âmbito público e privado, bem como o combate a todas as formas discriminatórias; c) Ética da Identidade que constitua subjetividades sensíveis e igualitárias que pratiquem o humanismo, o respeito pelo outro e incorpore em suas ações na vida profissional, social, civil e pessoal a solidariedade a responsabilidade e a reciprocidade.

---

16   Art. 3º Para observância dos valores mencionados no artigo anterior, a prática administrativa e pedagógica dos sistemas de ensino e de suas escolas, as formas de convivência no ambiente escolar, os mecanismos de formulação e implementação de política educacional, os critérios de alocação de recursos, a organização do currículo e das situações de ensino aprendizagem e os procedimentos de avaliação deverão ser coerentes com princípios estéticos, políticos e éticos.

17   Conforme Artigo 2º das Diretrizes que reza: A organização curricular de cada escola será orientada pelos valores apresentados na Lei 9.394, a saber:
I - os fundamentais ao interesse social, aos direitos e deveres dos cidadãos, de respeito ao bem comum e à ordem democrática;
II - os que fortaleçam os vínculos de família, os laços de solidariedade humana e de tolerância recíproca.

São princípios que refletem um grau singular de profundidade reflexiva e amadurecimento educacional que tornam as Diretrizes um documento particularmente profícuo em conteúdo, transcendendo a aridez burocrática da forma. Há que se destacar que esses princípios, presentes no Artigo 3° das Diretrizes, trazem para o âmbito do legal instituinte, normativo, uma gama de conceitos densos, profícuos, porém férteis balizadores da cultura humana que são típicos do universo filosófico. *Estética, Política e Ética* são princípios de forte inspiração filosófica, para não falar de *diversidade, identidade, imaginação, liberdade, responsabilidade, moral, humanismo e respeito*, dentre outros, que conotam o universo conceitual/reflexivo da filosofia. Acreditamos que aridez da lei não incorpora somente a linguagem filosófica, mas, para além disso, traz para o "chão da escola" e para as práticas cotidianas uma preocupação com a formação do humano em sua diversas faculdades, preocupação essa típica de todas as filosofias da educação. Conceber o humano como centro e não somente como resultado da educação, transcendendo, assim, a ênfase no cognitivo, no acúmulo de informações, na repetição padronizada além de superar uma concepção de escola tutelar e não fomentadora da autonomia singular de cada um, é, de fato, um projeto filosófico de educação.

No que tange o ensino de Filosofia, em especial a organização curricular do Ensino Médio, as Diretrizes não definem disciplinas específicas, mas áreas de conhecimento, particularmente naquilo que nela se denominou de base nacional comum. Nesse caso, os conhecimentos que tangiam a dimensão da formação humana, e aqui a Filosofia dentre outras, poderia fazer parte da área denominada de Ciências Humanas. A proposta inovadora das Diretrizes, ao propor a organização curricular por área de conhecimento objetiva a formação do jovem a partir de princípios pedagógicos de *Identidade, Diversidade e*

Autonomia, da Interdisciplinaridade e da Contextualização[18]. A proposta curricular do chamado novo Ensino Médio objetiva superar a compartimentalização do conhecimento em disciplinas estanques e auto-suficientes. A proposta emerge com o horizonte em que os conhecimentos se concatenam entre si, superando as fronteiras epistemológicas que são sempre tênues. Nesse caso, os conhecimentos vinculados na formação do jovem devem sempre ser contextualizados, em si, mas também para além de si mesmo, em um cenário de diversidade de saberes, de forma que o aluno pontue o cenário diverso de emergência do conhecimento e transcenda esse cenário em direção ao seu mundo circundante. Assim, os saberes socializados nas áreas de conhecimento que organizam o currículo do ensino médio se diluem no mundo da vida do aluno num movimento em que a materialização dos saberes ocorrem na resolução de problemas, por exemplo, ou na concretização de competências e habilidades, dentre outros possíveis.

A base nacional comum dos currículos do Ensino Médio, conforme as Diretrizes deve estar organizado a partir de três áreas do conhecimento: Linguagens, Códigos e suas Tecnologias; Ciências da Natureza, Matemática e suas Tecnologias e Ciências Humanas e suas Tecnologias[19]. Das três áreas de conhecimento, é a das Ciências Humanas e suas Tecnologias que nos interessa pois é nela que a Filosofia foi situada na organização epistemológica das ciências[20]. Essa área do conhecimento prevê habilidades e competências permitem ao educando uma série de ações – cognitivas, éticas e políticas – balizadoras para a construção de jovens conscientes, críticos, autônomos e atuantes nas esferas política, social, familiar e civil. Muitas dessas ações que a área de Ciências Humanas

---

18 Conforme Artigo 6° que reza: Os princípios pedagógicos da Identidade, Diversidade e Autonomia, da Interdisciplinaridade e da Contextualização, serão adotados como estruturadores dos currículos do ensino médio.
19 Conforme artigo 10°, Incisos I, II e III das Diretrizes Curriculares Nacionais do ensino médio.
20 É após a Revolução Científica do século XVII, com a emergência das ciências da natureza e do nascimento das ciências humanas no século XIX que se configurou a nova organização epistemológica das ciência, em ciências da natureza e biológicas, exatas, aplicadas e humanas, e que substituiu a organização do conhecimento estabelecido por Aristóteles, no século IV a.C.

e suas Tecnologias prevê formar no educando, encontram na filosofia sua morada, como, por exemplo, as alíneas "a", "d" e "e" do inciso III do artigo 10°[21]. Educar objetivando instituir competências e habilidades de compreensão dos elementos cognitivos, afetivos, sociais e culturais que constituem a identidade própria e dos outros; compreender a produção e o papel histórico das instituições sociais, políticas e econômicas, associando-as aos direitos e deveres da cidadania e à justiça; traduzir o conhecimento sobre a pessoa, a sociedade, a economia, as práticas sociais e culturais em indagações de problemas ou questões da vida pessoal significa estabelecer um diálogo aberto com as tradições filosóficas que tem na metafísica – o que é o ser, o que o constitui, a dicotomia ser/existência – na antropologia filosófica – o que é o homem, em que constitui sua existência, quais suas faculdades, o que é identidade/alteridade – e na filosofia política e ética – em que consiste o justo, o que é o bem e mal. Numa pequena reflexão sobre a tipologia de sujeito e as habilidades e competências necessárias para a execução de ações previstas como tarefa formativa do sujeito no ensino médio, observamos um território absolutamente fértil para o exercício da reflexão e do conceito filosóficos. A geografia da formação do cidadão proposta nas Diretrizes permite os mais diversos territórios conceituais como lugares de vinculação de discursos portadores de saberes necessários a construção dessa tessitura educativa elencada nas Diretrizes. De fato, o território conceitual da filosofia, com o seu legado de ser um dos pilares da arquitetura da civilização ocidental, é um lugar bastante profícuo para a emergência dos discursos e saberes filosóficos que vão ao encontro ao projeto formativo e da tipologia de sujeito elencadas nas Diretrizes. Assim, a

---

21   a) Compreender os elementos cognitivos, afetivos, sociais e culturais que constituem a identidade própria e dos outros. d) Compreender a produção e o papel histórico das instituições sociais, políticas e econômicas, associando-as às práticas dos diferentes grupos e atores sociais, aos princípios que regulam a convivência em sociedade, aos direitos e deveres da cidadania, à justiça e à distribuição dos benefícios econômicos. e) Traduzir os conhecimentos sobre a pessoa, a sociedade, a economia, as práticas sociais e culturais em condutas de indagação, análise, problematização e protagonismo diante de situações novas, problemas ou questões da vida pessoal, social, política, econômica e cultural.

reflexão filosófica, sedimentada nos mais de dois mil quinhentos anos de história da filosofia, é um lugar teórico/conceitual gestador de ações de um sujeito virtuoso, ético e político, ciente de seu lugar e sua responsabilidade na vida pública[22].

Na escrita da lei, *stricto sensu*, a Filosofia é mencionada no parágrafo 2° do Artigo 10°, com a seguinte redação:

> § 2° As propostas pedagógicas das escolas deverão assegurar tratamento interdisciplinar e contextualizado para:
> a) Educação Física e Arte, como componentes curriculares obrigatórios;
> b) Conhecimentos de filosofia e sociologia necessários ao exercício da cidadania.

Como se observa, trata-se de uma referência feita de forma lacônica e imprecisa sobre o lugar da filosofia na formação dos jovens, porém, absolutamente precisa naquilo que se espera como papel da filosofia. Se o documento das Diretrizes não diz que lugar do território da filosofia irá ocupar na arquitetura curricular do ensino médio – como disciplina ou componente curricular – ele é explícito naquilo que se espera da filosofia, qual seja, formar nossos jovens para o exercício da cidadania. Nesse enunciado define-se as fronteiras da filosofia num movimento de especificação que vai da área de saber da filosofia – ética e política ganham força em detrimento da metafísica, por exemplo, pois elas vinculam discursos com saberes importantes para a reflexão em torno da cidadania – até as filosofias com reflexão mais amadurecida sobre a cidadania – como fica, por exemplo, as diversas filosofias absolutamente críticas ou desconstrutivas do ordenamento social/político? Ao dizer o que se quer da filosofia – conhecimentos necessários para o exercício da cidadania – as Diretrizes acaba por fazer um movimento anti-filosófico na medida em que institui nela a

---

22 A referência é com o sentido de político dado pelos gregos em seu período clássico, como aquele sujeito que, não somente habita a polis, mas que pertence a ela, de forma que o público e o privado, o sujeito e o coletivo estabelecem uma relação de mutua constituição e responsabilidade.

heteronomia comprometedora, para não dizer dilaceradora daquilo que está no cerne nascituro da filosofia, ou seja, sua autonomia de pensamento e produção de conhecimento e sua universalidade territorial de pensamento. Aqui emerge a possibilidade da filosofia como serva do Estado, ou seja, que esteja a serviço de um projeto conceitual de vida ética e civil, cuja linha fronteiriça entre a autonomia e a heteronomia filosófica, entre uma diversidade ética da filosofia aberta e desterritorializada e os moralismos dogmáticos é absolutamente tênue[23].

Por outro lado, ao não definir a forma como a filosofia deve ser inserida nos currículos do ensino médio de modo a produzir o fim – exercício da cidadania – as Diretrizes estão absolutamente acordadas com seus princípios genealógicos de abertura curricular na busca pela experiência educativa interdisciplinar. Ora, o modelo curricular disciplinar compromete de forma importante a condensação de conhecimentos necessários na formação das competências e habilidades propostas nas Diretrizes. Nesse caso, a organização em forma de áreas de saber permite o estatuto dialógico entre os saberes e dá a cada sistema educacional e a cada unidade escolar abertura para formas de organização curricular. Nesse caso, a proposta das Diretrizes de romper as fronteiras do saber disciplinar, estabelecendo um território aberto para as áreas de conhecimento remete para a ação de organização curricular uma demanda política e econômica, para além da pedagógica, os modelos e as formas com que os saberes serão organizados no currículo escolar. Apesar das Diretrizes não fecharem nesse aspecto, ainda, maximamente, os currículos das escolas estão estruturados em disciplinas, de forma que ao se definir quais

---

23   A história possui vários exemplos dos usos atribuídos a filosofia. Em particular, destaco o uso da filosofia na Idade Média quando sua tarefa foi igualmente definida como projeto de vinculação entre a fé e a razão, ou, de demonstração racional dos dogmas cristãos. Refiro-me aqui a expressão *philosophia ancilla theologiae* (a filosofia é serva da teologia) como um *modus operandi* da filosofia na Idade Média. De fato, não se quer defender uma filosofia neutra, mesmo porque não há neutralidade de pensamento ou de reflexão, e todas filosofias se constituem em perspectivas, em visadas de mundo, porém, o alerta se levanta para a forma de apoderação do discurso filosófico que, no caso de uma filosofia serva emerge como apoderação de determinados discursos filosóficos e o contingenciamento de outros discursos e, consequentemente a transformação da autonomia filosófica em heteronímia.

disciplinas e a carga horária que irá compor cada área de conhecimento, as escolhas obedecem ao somente um critério pedagógico, mas econômico e político. Ou seja, definir, por exemplo, que na área de conhecimento de Ciências Humanas e suas tecnologias haverá a disciplina de História, de História da África, de História das Religiões, ou mesmo a disciplina de Política, trata-se de escolhas com foro não somente pedagógico, mas, principalmente político e econômico.

A Filosofia tem seu teto nas Diretrizes, na medida em que ela não é excludente de saberes, além do que seus princípios norteadores e a indicação de habilidades e competências requerem e chamam para o diálogo o território conceitual da Filosofia como um lugar profícuo para a sua materialização. Por isso, a forma como a Filosofia se fará presente nos currículos das escolas é um debate para além do pedagógico e do jurídico/legal e muito mais político e econômico, para não dizer também filosófico. Emergem muitas críticas às Diretrizes, bem como à Lei de Diretrizes e Base da Educação Nacional, particularmente ao fato de afirmarem, categoricamente, que a filosofia é um saber importante para o exercício da cidadania, porém ao não definir a forma, torna-se um enunciado absolutamente vago e sua operacionalização – proporcionar subsídios para o exercício da cidadania – comprometida. Nessa crítica, afirma-se que as Diretrizes jogam a Filosofia numa vala comum de saberes, ditos importantes, mas não operacionalizados ou instituídos. De fato, a garantia de vinculação de conhecimentos necessários para o exercício da cidadania, afirmam as críticas, seria possível com a garantia de um espaço de tempo, de lugar com o agente educador definido, ou seja, com uma disciplina e tudo o que com ela acarreta: definição de carga horária, definição da seriação em que ela se fará presente e com o professor subsidiado por parâmetros ou orientações curriculares.

Outra crítica estabelecida a este documento aponta para certa ambigüidade presente nas Diretrizes no sentido de que indica a necessidade vital, diga-se de passagem, da Filosofia na formação dos jovens, porém a não definição da forma seria uma premissa que anularias, ou colocaria no vazio a importância da Filosofia. Ora, sabemos que ambos os argumentos são procedentes, uma vez que a definição do formato disciplinar é ainda vigente nos currículos das escolas de Ensino Médio, além do que muitos currículos, em específico, as disciplinas e os conhecimentos vinculados em cada disciplina, são balizados pelos processos seletivos das principais universidades do país[24]. Isto significa que o programa do vestibular, previamente definido pelas universidades acaba por influenciar, de forma decisiva, nas disciplinas e nos conhecimentos vinculados no ensino médio. Trata-se de fato, de uma anomalia, pois, a rigor, deve ser o conteúdo do ensino médio o balizador dos vestibulares.

A despeito desses argumentos, o espírito das Diretrizes é quebrar, conforme já foi dito, com a estrutura disciplinar das escolas, instaurando o princípio da interdisciplinaridade e da contextualização, entre outros. Isso acarreta uma questão bastante interessante, na medida em que a introdução da disciplina Filosofia demandaria, esse é o espírito da lei, um trabalho de conscientização de seu papel e de sua importância, bem como a construção de argumentos que demonstrem que a Filosofia, de fato, contribui decisivamente, entre outras coisas, para o exercício da cidadania. Trata-se da construção de uma cultura filosófica nos sistemas de ensino, ou seja, a propositura de que a Filosofia é parte fundante da constituição humana, portanto é imprescindível a todo processo formativo presente nas escolas. O problema de fundo é que a construção dos currículos, conforme já anunciamos, obedece a lógicas diversas, sejam elas de caráter político, econômico ou mesmo pedagógico, o que, em muitas situações, compromete o lugar a Filosofia nas escolas.

---

24 Nos últimos anos, muitas universidades públicas e algumas particulares, optaram por introduzir em seus vestibulares a prova de filosofia. Esse processo acabou por instaurar um movimento no ensino médio de introdução da disciplina de filosofia nos currículos além de se procurar afinar os conhecimentos exigidos no programa do vestibular com os conteúdos do ensino médio. Cito em particular o exemplo da Universidade Federal de Uberlândia, uma das primeiras universidades federais a introduzir a prova de filosofia no vestibular. Podemos sublinhas, com isso, que a definição curricular do ensino médio obedece, de fato, a lógicas bastante diversas do particularmente pedagógico.

Orientações Curriculares para o Ensino Médio – Conhecimentos de Filosofia: algumas considerações

O documento das *Orientações Curriculares para o Ensino – Ciências Humanas e suas Tecnologias – Conhecimentos de Filosofia* (OCN-Filosofia), foi publicado pelo MEC em 2008, retomando e avançando os Parâmetros Curriculares Nacionais – PCNEM (1999). Realizou a revisão de alguns conceitos no sentido de adequá-los à especificidade do ensino de Filosofia e avançar nas proposições/orientações.

A qualidade do documento está em não oferecer indicações "milagrosas" para os professores de Filosofia, mas em propor uma reflexão sobre sua presença e sua forma de desenvolvimento no currículo do Ensino Médio e, também, sobre os problemas que ocorrem no espaço da Escola Básica brasileira. Não deixou de destacar as questões relativas aos alunos do Ensino Médio, que como jovens/adolescentes vivem seu tempo de escola, na maioria das vezes, a ela resistindo. Na tentativa de orientar para a produção de relações de sentido na aula de Filosofia, as OCN-Filosofia afirmam que a aula deve implicar exercício de pensamento filosófico, desenvolvimento de habilidades próprias dessa atividade, imbricadas com a Tradição Filosófica, com a História da Filosofia.

1. Filosofia – um problema filosófico

O documento inicia re-afirmando a necessidade da obrigatoriedade da Filosofia como disciplina no Ensino Médio e destaca a crescente a presença da reflexão filosófica em debates variados na sociedade atual. Constata, pois, a emergente visibilidade da Filosofia em nosso contexto brasileiro. Entretanto, não manifesta ingenuidade ao reconhecer que não basta tornar a Filosofia disciplina obrigatória no Ensino Médio, mas que é preciso avançar na efetivação da qualidade da Escola Básica em geral. Tal qualidade almejada, enfatizamos, somente terá condições de efetivar-se se ocorrer o reconhecimento do ofício de professor, a melhoria das suas condições de trabalho, do seu salário, assim como das condições materiais da escola e de todos os recursos necessários, como bibliotecas, materiais didáticos, aliados as novas tecnologias da informação e da comunicação (TICs).

Ao tratar da identidade da Filosofia, o documento afirma que o termo encobre vários sentidos. A pergunta – **O que é Filosofia?** – é um problema filosófico e, por isso, cada professor de Filosofia deve responder a essa pergunta baseado nos conceitos pelos quais elabora seu pensamento. "**Cada resposta está comprometida com pontos de vista eles próprios filosóficos**" (OCN-Filosofia, 2008, p. 21). É necessário, pois, nomear as características do filosofar, tais como: ponderar os conceitos, solicitar considerandos, quebrar a naturalidade com que usamos as palavras, fazer perguntas de segunda ordem.

A Filosofia, embora seja considerada na sua multiplicidade de ideias, conceitos e sistemas têm uma universalidade que a diferencia dos outros saberes e da ciência. O exercício filosófico exige a justificação em "boas razões e bons argumentos" e o documento define a atividade filosófica como um "voltar atrás", como **reflexão**, que comporta dois momentos: o momento da reconstrução racional e o momento da crítica.

Esta definição da atividade filosófica certamente é uma entre outras possíveis. Deleuze & Guattari, no livro **O que é filosofia** (1992, p. 14), afirmam: "Vemos ao menos o que a filosofia não é: ela não é contemplação, nem reflexão, nem comunicação, mesmo se ela pôde acreditar ser ora uma, ora outra coisa, em razão da capacidade que toda a disciplina tem de engendrar suas próprias ilusões, e de se esconder atrás da névoa que ela emite especialmente". A filosofia é então, criação de conceitos, por isso, "De fato, o que importa é retirar do filósofo o direito à reflexão 'sobre'. O filósofo é criador, ele não é reflexivo" (Deleuze, Conversões, 1992, p. 152).

Importa então, destacar que as OCN-Filosofia sinalizam que cada professor pode construir sua proposta de aula, a partir de sua "sua opção por um modo determinado de filosofar que considere justificado" (idem, p. 24) e assumir uma definição para a atividade filosófica. Sobre o termo **CIDADANIA**, o documento enfatiza que este deve ser considerado a partir da própria Filosofia e não de um conjunto de informações doutrinárias que seriam memorizadas como um hino patriótico. Considera criticável justificar a presença da Filosofia nos currículos da Escola Básica por se configurar como um instrumental para a cidadania. A formação para a cidadania é enfaticamente afirmada como finalidade de toda a Educação Básica, construída por todas as disciplinas e não de responsabilidade de algumas disciplinas como a Filosofia[25]. Por isso, o documento pergunta pela **contribuição específica da Filosofia em relação ao exercício da cidadania para essa etapa da formação?** E a resposta indica que tal contribuição é vinculada ao desenvolvimento da capacidade de argumentação, de leitura e de escrita, ou seja, da natureza argumentativa da Filosofia que, no entanto, não se desprende de sua tradição histórica.

Apresentando estas referências, o documento indica como um dos objetivos da aula de Filosofia, o desenvolvimento da capacidade de análise, de reconstrução racional e de crítica dos alunos, a partir do contato e interpretação de textos filosóficos e não filosóficos, emitindo posições justificadas. Outros objetivos poderiam ser indicados por nós, como a construção/reconstrução de conceitos, a partir capacidade que os alunos adquirem de estabelecer relação entre a Filosofia produzida, seu tempo, suas questões – a vida.

Há, no documento, uma ênfase à aprendizagem significativa dos alunos. É recusado um tipo de ensino que prioriza a apresentação, pelo professor, de informações, ideias e sistemas filosóficos, com o objetivo de desenvolver apenas a habilidade

---

25   Cf. o texto **Podem a ética e a cidadania ser ensinados?** do professor José Sérgio Carvalho, da Faculdade de Educação da USP, publicado em 2004.

de memorização por parte dos alunos. Ao contrário, a aula de Filosofia defendida no texto da OCN-Filosofia, deve se constituir como forma de "apoio para a vida" dos jovens alunos, dando-lhes condições de analisar e compreender os diferentes discursos, a partir de um sistema básico de referências, e ao mesmo tempo, assumirem uma prática questionadora diante das variadas situações que vivenciam. Certamente que um dos objetivos da disciplina Filosofia deve ser o enriquecimento intelectual do aluno, mas há outros também importantes, como "desenvolver no aluno a capacidade para responder, lançando mão dos conhecimentos adquiridos, às questões advindas das mais variadas situações" (idem, p. 29).

2. Sobre competências e habilidades em Filosofia

A defesa de um ensino que desenvolva habilidades e competências nos alunos visa superar uma concepção de ensino enciclopédico. O documento procura fazer uma distinção entre a noção de competência presente nos documentos do Banco Mundial, que está atrelada ao mundo do trabalho e tem como característica importante a flexibilidade[26] e, a noção de competência inerente à atividade filosófica, que deve ser desenvolvida na aula de Filosofia. O documento demonstra esse cuidado ao afirmar que "a noção de competência parece vir ao encontro do labor filosófico" (idem, p. 30).

A produção bibliográfica no campo educacional, acerca da incorporação da noção de competência do mundo do trabalho no mundo da escola tem sido muito fecunda, pois procura destacar as contradições e inconsistências geradas por tais perspectivas teóricas. Certamente que esta questão merece atenção especial de todos os envolvidos com o ensino, mas para os limites deste texto procuramos salientar a especificidade daquilo que é denominado competências/habilidades filosóficas. É preciso, no entanto, persistir na reflexão sobre o

---

26   A noção de competência tem sido transferida para o âmbito educacional da literatura sociológica, na qual é relacionada aos processos de reestruturação produtiva e as novas formas de organização do trabalho, cujo objetivo maior é satisfazer os novos padrões de consumo propostos pelo mercado mundial.

sentido que adquire um currículo se as competências/habilidades são consideradas o motor da eficiência social a ser desempenhada futuramente pelos alunos.

Então, a que habilidades o documento está se referindo quando trata da aula de Filosofia no Ensino Médio? Segundo o texto, são "competências comunicativas, que parecem solicitar da Filosofia um refinamento do uso argumentativo da linguagem, para o qual podem contribuir conteúdos lógicos próprios da Filosofia, quanto competências, digamos cívicas, que podem fixar-se igualmente à luz de conteúdos filosóficos" (OCN-Filosofia, p. 30). É importante destacar, nesse âmbito, a ênfase no desenvolvimento de competências discursivo-filosóficas nos alunos.

A competência para a leitura filosófica é central na aula de Filosofia. Mas o que seria uma leitura especificamente filosófica? Seria aquela na qual o aluno exercita sua habilidade de análise, de interpretação, de reconstrução racional e de crítica. Para que tal ocorra "é imprescindível que ele (aluno) tenha interiorizado um quadro mínimo de referências a partir da tradição filosófica, o que nos conduz a um programa de trabalho centrado primordialmente nos próprios textos dessa tradição, mesmo que não exclusivamente neles" (p. 31)[27]. Vejamos os três grupos de competências e habilidades propostos para a aula de Filosofia:

1º) Representação e Comunicação

- Ler textos filosóficos de modo significativo;
- Ler de modo significativo textos de diferentes estruturas e registros;
- Elaborar por escrito o que foi apropriado de modo reflexivo;

---

27   Cf. o texto do professor Franklin Leopoldo e Silva – História da Filosofia: centro ou referência? E o texto Historicidade da Filosofia do professor Desidério Murcho.

- Debater, tomando uma posição, defendendo-a argumentativamente e mudando de posição em face de argumentos mais consistentes.

Nesse primeiro grupo estão articuladas as habilidades de leitura, escrita e argumentação oral, que têm a marca do exercício filosófico. É preciso pensar então, no espaço da sala de aula, em como organizar atividades que desafiem e exijam seu exercício, sua prática. Nesse caso, precisamos ainda avançar na criação destas, levando em conta os contextos e perspectivas filosóficas assumidas pelos professores.

2º) Investigação e Compreensão

- Articular conhecimentos filosóficos e diferentes conteúdos e modos discursivos nas ciências naturais e humanas, nas artes e em outras produções culturais.

Compreender os conhecimentos filosóficos articulados às ciências, às artes ou às literaturas implica que o professor faça, junto com seus alunos, o exercício de estabelecer conexões a partir dos problemas e conceitos que transitam nessas disciplinas. Cabe, pensar a aula como o espaço de re-conhecimento dos diferentes modos discursivos dessas disciplinas. Esta articulação pode ocorrer com a apresentação de um texto literário, de uma crônica ou de uma poesia como forma de *convidar* os alunos para a aula, ou com uma imagem de obra de arte ou de um filme.

3º) Contextualização sociocultural

- Contextualizar conhecimentos filosóficos, tanto no plano de sua origem específica quanto em outros planos: o pessoal-biográfico; o entorno sócio-político, histórico e cultural; o horizonte da sociedade científico-tecnológica.

O desenvolvimento desta habilidade implica uma concepção de que a aula de Filosofia não pode ser a exposição de autores, teorias, sistemas filosóficos, de forma que os alunos desenvolvam apenas sua capacidade de memorização. Vejamos o extrato abaixo:

> [...] ela (a Filosofia) não pode ser um conjunto sem sentido de opiniões, um sem-número de sistemas desconexos a serem guardados na cabeça do aluno que acabe por desencorajá-lo de ter ideias próprias. Os conhecimentos de Filosofia devem ser para ele vivos e adquiridos como apoio para a vida, pois do contrário dificilmente teriam sentido para um jovem nessa fase de formação (OCN-Filosofia, 2008, p. 28).

Nesse caso, trata-se de conceber a aula como desafiadora para os jovens alunos desenvolverem a capacidade de pensar filosoficamente, produzindo questões que lhes mobilizam enquanto jovens da sociedade brasileira atual.

Embora a expressão *habilidade/competência*, esteja muito associada ao âmbito do mundo do trabalho, como já afirmado anteriormente, podemos considerá-la, na aula de Filosofia, como a atividade de pensamento, o exercício de pensar filosoficamente.e não da apresentação, apenas, das Filosofias já pensadas ao longo da tradição.

A leitura do texto clássico de Filosofia assume posição central nas OCN-FIlosofia. Esta é uma questão que merece um olhar cuidadoso, pois se trata de avaliar sua possibilidade e repercussão no contexto da aula de Filosofia na escola pública brasileira. Talvez uma pergunta importante a ser feita seja esta proferida por Cornelli (2004, p. 191): "Como ler os clássicos da Filosofia, fazer aproximar os alunos das fontes do pensamento ocidental sem matá-los de tédio?".

Não podemos desconhecer que a escola contemporânea, ainda prioriza a memorização dos conteúdos e a reprodução a-crítica, por parte dos alunos, do saber transmitido pelo professor. Nesse contexto, destacam-se as dificuldades de produção de sentido pelos jovens alunos do Ensino Médio, que estão acostumados aos jogos eletroeletrônicos, os quais lhes oferecem oportunidade de controle em um mundo mais previsível, universo este que ainda lhes permite o uso da criatividade, de estratégias de enfrentamento dos obstáculos que se apresentam, bem como de sentirem-se os protagonistas e não os coadjuvantes.

As diferentes culturas juvenis também estão marcadas pelo contexto televisivo, o qual assumiu centralidade na sua vida cotidiana e tem provocado conseqüências na sua escolarização.

> Acompanho cerca de 200 a 250 jovens adolescentes a cada ano, na faixa etária dos 15 aos 20 anos. A maioria destes estudantes é de classe média e um grupo minoritário provém de comunidades carentes da zona sul. Pouquíssimos são negros. A falta de familiaridade dos estudantes com a leitura e a escrita é insistentemente apontada pelos professores (XAVIER, 2004, p. 147).

Para Xavier (2004), esta falta de familiaridade dos alunos com a leitura e a escrita também apareceu nos resultados do PISA 2003, no qual os alunos brasileiros aparecem em 37º lugar na prova de leitura. Uma explicação apresentada para este fato seria o tempo que os jovens brasileiros passam em frente da televisão, em média quatro horas (4) diárias. Este é apenas exemplo de um elemento que compõe a condição cultural dos jovens contemporâneos, expressa nas culturas juvenis, definida por Pais, (1993, p. 54) como "o sistema de valores socialmente atribuídos à juventude (tomada como conjunto referido a uma fase da vida), isto é, valores a que aderirão jovens de diferentes meios e condições de vida".

3. Sobre metodologias

O último item das OCN-Filosofia refere-se à Metodologia. Nele convergem as concepções que foram apresentadas e defendidas ao longo de todo o texto. Portanto a pergunta sobre que tipo de aula desenvolver, como organizá-la, qual metodologia seguir merece nossa atenção.

O documento não traz nenhuma indicação dogmática, nenhum receituário acerca de tal metodologia, mas chama atenção para a defesa da aprendizagem significativa[28] do aluno, do seu envolvimento na aula, da aprendizagem de habilidades próprias do fazer filosófico, da concepção de aula de filosofia estabelecendo conexões com a vida juvenil, com o entorno social, com as outras disciplinas escolares e seus diferentes discursos. Tais princípios foram colocados de forma clara e justificada no documento e, consequentemente, a metodologia considerada mais adequada deveria contemplar essa multiplicidade de conexões. A capacidade, portanto, de escuta do professor ao que é manifestado de diferentes formas pelos alunos na aula é uma condição importante, como ponto de partida para a aula.

No entanto, no Brasil, a metodologia mais utilizada nas aulas de Filosofia, segundo o documento, ainda é **a aula expositiva**, juntamente com debates ou trabalhos em grupo. É muito freqüente, também, o uso de livro didático ou de apostilas. Esta prática não deve ser totalmente recusada, mas merece do professor um cuidado especial, para que com seu uso não abdique de sua condição de produtor de material didático e de criador de atividades em sala de aula, que respondam às condições e necessidades de seus alunos.

Embora se possa pensar na aula expositiva agregada ao diálogo com os alunos, no caso aula "expositiva dialogada", é necessário atentar para o fato de que o desenvolvimento das

---

28 Aprendizagem significativa, segundo Ausubel, é o processo através pelo qual uma nova informação (novo conhecimento) se relaciona de maneira não arbitrária e substantiva à estrutura cognitiva do aluno aprendiz. Cf. Referências sobre o tema ao final.

habilidades filosóficas exige atividades específicas, cuidadosamente pensadas e elaboradas pelo professor, a serem realizadas pelos alunos ao longo as aulas de Filosofia. Também, no contexto da aula, o professor deve permitir-se a escuta do que nela se manifesta para incorporá-la ao trabalho filosófico.

A centralidade do texto filosófico é afirmada com ênfase pelas OCN-Filosofia, como já destacado anteriormente. Tal centralidade, entretanto, é amenizada com indicação do uso de textos de diferentes registros e com a valorização do exercício de pensamento filosófico dos alunos. Este exercício implica que os alunos desenvolvam as habilidades de leitura, de escrita e de análise filosófica, por exemplo. Os textos de outra natureza, como os literários e os jornalísticos são considerados bem vindos à aula de Filosofia.

> Garantidas as condições teóricas já citadas, é desejável e prazerosa a utilização de dinâmicas de grupo, recursos audiovisuais, dramatizações, apresentação de filmes, trabalhos sobre outras ordens de texto etc., com o cuidado de não substituir com tais recursos os textos específicos de Filosofia que abordem os temas estudados, incluindo-se aqui, sempre que possível, textos ou excertos dos próprios filósofos, pois é neles que os alunos encontrarão o suporte teórico necessários para que sua reflexão seja, de fato, filosófica (OCN-Filosofia, 2008, p. 38).

Para o exercício desse tipo de aula, na qual, ao mesmo tempo, reportam-se os alunos à História da Filosofia, aos seus textos clássicos e a textos de outros registros, e indicadores do tempo presente, certamente que o professor precisa de um bom planejamento e capacidade, também, de se colocar no movimento da aula, sem medo de, em algum momento, ter que abandonar o que foi previamente estabelecido. Cabe, certamente, ao professor, ser sensível às condições de sua escola e dos seus alunos para desenvolver sua proposta de trabalho, ou de outra forma, ter a sensibilidade da *escuta* ao que ocorre em sua sala de aula.

As OCN-Filosofia apresentam, por fim, duas atitudes, bastante previsíveis, que professor de Filosofia pode tomar no desenvolvimento de suas aulas: a primeira delas seria "transpor para aquele nível de ensino uma versão reduzida do currículo da graduação e a mesma metodologia que se adota nos cursos de graduação e pós-graduação em Filosofia". E a segunda seria aquela de, no desejo de tornar a Filosofia acessível aos alunos, "falseá-la pela banalização do pensamento filosófico" (p. 38). Nenhuma destas atitudes condiz com os princípios apresentados e defendidos ao longo do documento e, tampouco, com as ideias de qualificação do ensino público, da especificidade da disciplina Filosofia e de sua importância e sentido para os alunos do Ensino Médio, consensual para os envolvidos com questão. Por fim, ressaltamos algumas ideias importantes do documento:

1. A didática do professor de filosofia deve ser concebida como uma didática filosófica, o que implica que o professor deva ser, também, responsável pela sua formação.

2. Mesmo sendo uma didática filosófica, o professor não pode dispensar a utilização **de variados e valorosos materiais didáticos** para ligar um conhecimento filosófico abstrato à realidade, inclusive ao cotidiano do aluno. Isso não significa abandonar a dimensão filosófica e a relação com a História da Filosofia.

3. Quando reconhece a nova condição juvenil de seus alunos e torna-se sensível a ela no desenvolvimento escolar, abre espaço para a reflexão acerca da relação do jovem com a escola na atualidade. Em direção oposta, em matéria do Jornal Folha de São Paulo (07/01/2007), denominada *Desmotivação é o que mais tira os jovens da escola*, consta que 40% dos alunos que deixaram de estudar apontaram falta de vontade para assistir às aulas. Traduzido de forma miúda esse dado indica que foram "1,7 milhão de jovens entre 15 e 17 anos (16% do total) a não estudarem em 2005". Na mesma direção, Luz

Maria Perez (apud DAYRELL, 2003, p. 173), consultora em educação do UNICEF no Chile, relata a resposta dos jovens chilenos acerca de seu abandono da escola. A maioria, afirma ela, responde que é "pelo desinteresse e falta de motivação para o estudo". Ainda sobre a matéria da Folha de São Paulo, o repórter, após ouvir alguns educadores sobre o porquê das aulas serem consideradas "chatas" pelos alunos, concluem: "Disciplinas desconectadas do cotidiano dos jovens, escolas sem a participação dos alunos nas decisões do dia a dia, professores desestimulados e avaliações que terminam em reprovação, desmotivando o estudante após sucessivos fracassos".

Outro elemento a ser destacado é a "cultura do desempenho" (SANTOS, 2004), presente no Ensino Médio e que se materializa nos índices atingidos pelos alunos nas disciplinas ou nas estatísticas obtidas nos vestibulares ou outros processos seletivos de ingresso no ensino superior. O Ensino Médio, então, disciplina todos os alunos em currículos cujo único objetivo ainda é a preparação ao ensino superior, mesmo que a maioria dos jovens não possa constituir este como um objetivo primeiro de sua vida.

Para Marília Spósito, as últimas décadas têm apresentado mutações sociais que exigem um olhar atento de estudiosos sobre a relação entre escola, cultura e sociedade. Especificamente sobre a relação que o jovem estabelece com a escola a autora constata:

> o reconhecimento da perda do monopólio cultural da escola, e da educação escolar – apesar de sua especificidade e importância – tende a se transformar em uma cultura entre outras. Desse modo, os jovens percorrem vários espaços de trocas sociais para além da escola e esta não constitui a única possibilidade de sua presença no mundo para além da família (2004, p. 77).

Por isso, professores e comunidade escolar precisam reconhecer que a cultura social contemporânea tem se caracterizado pela diversificação, pela fragmentação, pelo consumo exagerado – *consumismo* – produzindo subjetividades juvenis que passam a resistir à escolarização e que cada vez mais têm dificuldades de nomear o sentido da escola, pois nela reconhecem apenas o lugar do obsoleto, do passado, do antigo, portanto, distanciados do mundo da vida. Crianças e jovens colocam a televisão, o computador e outros artefatos culturais contemporâneos numa condição de centralidade em suas vidas, os quais produzem conseqüências importantes no seu processo de escolarização, mais especificamente, no desenvolvimento das aulas, no nosso caso, da aula de Filosofia.

Sobre a especificidade da disciplina Filosofia

Este momento de nossa história recente requer antes de tudo que voltemos nossa atenção para a caracterização da Filosofia que pode ser entendida como possuidora de um certo campo epistemológico específico, capaz de justificar por si mesma sua pertinência e existência efetiva no contexto, ao menos do Ensino Médio brasileiro. Esta tarefa se impõe como necessária, sobretudo, quando observamos a breve história que acabou de ser descrita: nas sucessivas vezes em que a Filosofia foi colocada e retirada dos currículos brasileiros é notória tanto a instabilidade a diversidade de concepções sobre a natureza e finalidade deste ensino. Em suma, há uma diversidade que no mínimo impressiona quando o assunto é a tentativa de uniformidade no entendimento e nas definições que envolvem as respostas de "por quê", "como" e "para que" a filosofia deve ser ensinada no Ensino Médio. Dito isso, o que somos forçados a reconhecer é que a despeito do contexto legal que recentemente a transformou em disciplina nas escolas, um certo nível de fragilidade e incerteza paira sobre o assunto.

A acepção da palavra Filosofia, ainda que esta já tenha sido por tantas vezes destacada, pode aqui ser novamente retomada. Trata-se talvez de realizarmos com isso a condição inicial para prosseguirmos em qualquer propósito que tenhamos com a Filosofia em nossas vidas. É uma forma de realizarmos uma certa *atitude filosofante* que em nada mais consiste além da posição distante do objeto enfocado no intuito exclusivo de possibilitar sobre ele a reflexão.

Sendo assim, destaquemos desse modo preliminar o significado de Filosofia. Sabemos que a origem da palavra é grega, proveniente da associação de duas outras palavras: *Philo* e *sophia*. A primeira, *philo*, derivada de *philia*, quer dizer amor fraterno e amizade e a segunda, *sophia*, tem o significado de sabedoria. Levando em conta esta junção, o significado da palavra Filosofia em seu sentido grego originário nos levaria ao amor ou amizade pela sabedoria. Neste contexto, o filósofo Pitágoras de Samos, que inventa a palavra filosofia no século V antes de Cristo, identificou que a atitude filosófica é algo especificamente humano, pois somente os homens se relacionam com a sabedoria por desejo e amor, enquanto os deuses a possuiriam plenamente.

Desde então, podemos constatar que esta atitude filosofante como condição humana se expressa, não em uma, mas em diversas filosofias, em cujo sentido, quando comparadas, ora corroboram entre si integralmente ou em certos aspectos, ora são de natureza diametralmente opostas. A Filosofia é, então Filosofias, o que impõe ao professor um preparo, quer no âmbito do repertório, demonstrado por uma sólida formação universitária no entendimento das principais correntes filosóficas, quer no esforço de assumir a sua perspectiva filosófica, sem, no entanto, negar todas as outras. O ensino de Filosofia deve primar pelo conhecimento das distintas filosofias e, a partir delas, ou mais precisamente, dos argumentos apresentados pelos diversos filósofos para a produção e resolução de um determinado problema, convidar o aluno a pensar com o autor e depois consigo mesmo e com os outros, num processo de busca inquietante e permanente de novas formulações filosóficas para um mesmo problema. Com isso se ensina Filosofia com a atitude filosofante de se pensar filosoficamente.

A Situação Atual

Desde 2008, todas as escolas brasileiras são obrigadas por lei a ensinar sociologia e filosofia durante o ensino médio. Considerado um avanço por muitos professores, a obrigatoriedade estaria ameaçada por um projeto de lei de autoria do deputado federal Izalci Lucas Ferreira (PSDB-DF). O Projeto de Lei (PL nº 6.003/2013) pretende alterar a Lei de Diretrizes e Bases da Educação Nacional em seus artigos 9º, 35º e 36º e propõe, além da questão que envolve as duas disciplinas, aplicar o Exame Nacional do Ensino Médio (ENEM) de forma seriada, em cada um dos três anos dessa etapa, e ampliar a carga horária mínima do ensino médio para 3 mil horas (hoje são 2.400 horas). Sendo assim estamos diante de um retrocesso frente às conquistas já obtidas.

REFERÊNCIAS

AUSUBEL, D. P. *A aprendizagem significativa:* a teoria de David Ausubel. São Paulo: Moraes, 1982.

CARTOLANO, Maria T. P. *Filosofia no Ensino de 2° Grau.* São Paulo: Cortez – Autores Associados, 1985.

CARVALHO, José Sérgio. Podem a ética e a cidadania ser ensinados? In: CARVALHO, José Sérgio (Org.). *Educação, Cidadania e Direitos Humanos.* Petrópolis: Vozes, 2004. p. 85-105.

Ciências Humanas e suas tecnologias/Secretaria de Educação Básica – Brasília: Ministério da Educação, Secretaria de Educação Básica, 2006. 133 p. *(Orientações Curriculares para o Ensino Médio, volume 3).*

CONDORCET. **Rapport de Condorcet**, In: M. HIPPEAU. *L'Instruction publique en France pendant la Révolution:* discours et rapports de Mirabeau, Talleyrand-Périgord, Condorcet, Lanthenas, Romme, Le Peletier de Saint-Fargeau, Cales, Lakanal, Daunou et Fourcroy. Pari: Klincksieck, 1990.

COSTA, Thais Almeida, 2005. A noção de competência enquanto princípio de organização curricular. In: *Revista Brasileira de Educação*, mai./jun./jul./ago. 2005, n. 29. p. 52-62.

DEBRAY, Régis. *Ce que nous voile le voile:* La République et le sacré. 1ère.ed. Paris: Gallimard, 2003.

DESCARTES, R. *Oeuvres et Lettres.* Paris: Gallimard, 1952.

DROIT, Roger-Pol. *Philosophie et Démocratie dans le Monde.* France: Éd. Unesco, 1995.

DURAND-PRINBORGNE, Claude. *La laïcité*. 2e éd. Paris: Dalloz, 2004.

FAVARETTO, Celso. Filosofia, ensino e cultura. In: KOHAN, Walter (Org.). *Filosofia:* caminhos para seu ensino. Rio de Janeiro: DP&A, 2004. p.43-53.

FÁVERO, Altair, CEPPAS, Filipe, GONTIJO, Pedro, GALLO, Sílvio & KOHAN, Walter, *O ensino de filosofia no Brasil:* um mapa das condições atuais, Cadernos CEDES. v. 24, n. 64, set./dez. 2004.

FERENCZI, Thomas (dir); textes de Jean Baubérot, Sadek Beloucif, Esther Benbassa... [et al.]. Religion et politique, une liaison dangereuse?. 14e Forum Le Monde, Le Mans, 25-27, octobre 2002. Paris: Édition Complexe, 2003.

FOUCAULT, Michel. *Microfísica do poder*. Rio de Janeiro, Graal, 1995.

FOUCAULT, Michel. *Nietzsche, Freud e Marx*. São Paulo: Princípio.

GAUCHET, Marcel. *La Religion dans la Démocratie. Parcours de la Laïcité*. Paris: Éd.Gallimard, 1998.

GOODSON, Ivor. *Currículo: teoria e história*. Petrópolis: Vozes, 1995.

HAARSCHER, Guy. *La laïcité*. 3ème. ed. Paris: Presses universitaires de France, 2004.

Jornal Folha de São Paulo (07/01/2007).

KOHAN, Walter & WAKSMAN, Vera. *Filosofia para crianças na prática escolar*. Petrópolis: Editora Vozes, 2001. p. 85.

Leyenberger, Gorges. Jean-Jacques Forté... [et al.] Politique et modernité: [séminaire du Collège international de philosophie]. Paris: Osiris, 1992.

MACHADO, Roberto. *Nietzsche e a verdade*. Rio de Janeiro: Editora Rocco, 1995.

MOREIRA, Marco Antonio. *Aprendizagem significativa*. Brasília: Ed. da UnB, 1998.

MURCHO, Desidério. *A historicidade da Filosofia*. Disponível em: <www.criticanarede.com/fil>. Acesso em: 2006.

MURCHO, Desidério. *Competências e conteúdos no ensino da filosofia*. Disponível em: <www.criticanarede.com/fil>. Acesso em: 2006.

NIETZSCHE, Friedrich. *Despojos de uma tragédia*. Lisboa: Editora Relógio d'Água, 1991.

NIETZSCHE, Friedrich. *Ecce homo*. São Paulo: Companhia das Letras, 1995.

NIETZSCHE, Friedrich. *Escritos sobre educação*. São Paulo: Editora Loyola, Editora Puc/SP, 2003.

NIETZSCHE, Friedrich. *Genealogia da moral*. São Paulo: Brasiliense, 1988.

NIETZSCHE, Friedrich. *O livro do filósofo*. Lisboa: Editora Rés, 1984.

PARÂMETROS Curriculares Nacionais – *Ensino Médio – Ciências Humanas e suas tecnologias*. – Brasília, Ministério da Educação, Secretaria de Educação Básica, 2000.

PEREZ, Luz Maria. A experiência chilena. In: FREITAS, Maria Virginia e PAPA, Fernanda. (Org.). *Políticas Públicas: Juventude em Pauta.* São Paulo: Cortez: Ação Educativa: Fundação Friedrich Ebert, 2003. p. 173-179.

PERRENOUD, P. *Construir as Competências desde a Escola.* Porto Alegre: Artes Médicas, 1999.

PERRENOUD, P. *Novas Competências para Ensinar.* Porto Alegre: Artes Médicas, 2000.

SANTOS, Lucíola de C. P. *Formação de Professores na Cultura do Desempenho.* Educação e Sociedade, Campinas, v. 25, n. 89, p. 1145-1157, set./dez, 2004.

SILVA, Franklin Lepoldo e. História da Filosofia: centro ou referencial? In: NIELSEN NETO, H. (Org.). *O Ensino de Filosofia no 2º grau.* São Paulo: SEAF/Sofia, 1986. p. 153-162.

SILVA, Tomaz Tadeu & MOREIRA, Antonio Flávio. *Currículo, cultura e sociedade.* São Paulo: Cortez Editora, 1995.

SPOSITO, M. P. Desencotros entre os jovens e a escola. In: Gaudêncio Frigotto; Maria Ciavatta. (Org.). *Ensino Médio - ciência, cultura e trabalho.* 1. ed. Brasilia: MEC, SEMTEC, 2004, v. 1, p. 73-92.

SPOSITO, Marilia Pontes, CARRANO, Paulo. Juventud y Políticas Publicas em Brasil IN D'AVILA, Oscar et al. *Políticas Públicas de Juventud en América Latina:* Políticas Nacionales. CIDPA: Viña del Mar, Chile, 2003.

SPOSITO, Marilia Pontes. Estudos sobre juventude em educação. *Revista Brasileira de Educação*; mai./jun./jul./ago. n. 5, 1997.

STASI, Bernard. (commission présidée par) Rapport de la commission de réflexion sur l'application du principe de laïcité dans la République remis au Président de la République le 11, décembre 2003.

XAVIER, Ingrid Muller. Filosofia em tempos de adrenalina. IN: KOHAN, Walter Omar (Org.). *Filosofia:* caminhos para o seu ensino. Rio de Janeiro, DP&A, 2004.

DIDÁTICA DO ENSINO DE FILOSOFIA

Paula Ramos de Oliveira
Professora de Filosofia da Educação na UNESP de Araraquara[29]

"Didática do ensino de filosofia" é o tema a que nos dedicaremos nesse núcleo temático e, para tanto, o dividiremos em três unidades: 1) a didática, o ensino, a filosofia; 2) A filosofia no tempo presente; 3) o ensinar e o aprender em filosofia: a filosofia entre o professor e o aluno.

A estrutura aqui assinalada nos remete inevitavelmente à especificidade do ensino de filosofia, o que já nos lança em um movimento interessante que é o *do* próprio filosofar, que é *o* próprio filosofar. Queremos pensar o ensinar e o aprender *em filosofia*, mas justamente por isso precisamos nos perguntar simplesmente o que é o aprender e o ensinar em si mesmos, pois o aprender e o ensinar são objetos da filosofia, bem como a filosofia e o filosofar envolvem os processos de aprender e de ensinar. Eis o movimento: o trabalho com o pensamento e com as palavras.

A seguir faremos exercícios de pensar algumas palavras, com e sem a companhia de outros. Vejamos o que faremos com elas e o que elas farão conosco.

---

29 Paula Ramos de Oliveira possui graduação em Ciências Sociais Bacharelado pela Universidade Estadual de Campinas (1989), graduação em Ciências Sociais Licenciatura pela Universidade Estadual de Campinas (1990), mestrado em Filosofia e Metodologia das Ciências pela Universidade Federal de São Carlos (1995), doutorado em Educação pela Universidade Federal de São Carlos (2002) e pós-doutorado pela Universidade de Lisboa. Atualmente é professora assistente doutora da Universidade Estadual Paulista Júlio de Mesquita Filho. Tem experiência na área de Educação, com ênfase em Fundamentos da Educação, atuando principalmente nos seguintes temas: educação, filosofia, infância. Coordenadora do Grupo de Estudos e Pesquisas Filosofia para Crianças(GEPFC-CNPq) e pesquisadora do Grupo de Estudos e Pesquisas Teoria Crítica e Educação (GEPTCE-CNPq). Membro do GT Filosofar e Ensinar a Filosofar da ANPOF, Membro da Sociedade de Filosofia da Educação de Língua Portuguesa (SOFELP). Foi vice-coordenadora do Programa de Pós-Graduação em Educação Escolar (Unesp, Araraquara; 2007-2010).

Eu creio no poder das palavras, na força das palavras, creio que fazemos coisas com as palavras e, também, que as palavras fazem coisas conosco. As palavras determinam nosso pensamento porque não pensamos com pensamentos, mas com palavras, não pensamos a partir de uma suposta genialidade ou inteligência, mas a partir de nossas palavras. E pensar não é somente "raciocinar" ou "calcular" ou "argumentar", como nos tem sido ensinado algumas vezes, mas é sobretudo dar sentido ao que somos e ao que nos acontece. E isto, o sentido ou o sem-sentido, é algo que tem a ver com as palavras. E, portanto, também tem a ver com as palavras o modo como nos colocamos diante de nós mesmos, diante dos outros e diante do mundo em que vivemos. E o modo como agimos em relação a tudo isso (LARROSA, 2002, p. 21).

A Didática, o Ensino, a Filosofia

A didática é, por vezes, uma disciplina dos currículos de educação terciária e superior orientada à docência, ao mesmo tempo em que é um conhecimento que se atualiza nos docentes de qualquer disciplina na hora de ensinar. De fato, a origem de "didática" remonta ao verbo grego *didásko*, que significa "ensinar". Em sua origem, é um adjetivo, *didaktiké*, com o sentido de "relativo ao ensino" que se converteu depois no nome da disciplina que hoje conhecemos (cf. § 80.2). (CASTELLO; MÁRSICO, 2007, p. 89, grifo do autor).

Aprendemos a ensinar e, por isso, na dimensão teórica existe um campo de reflexão chamado didática, palavra que é utilizada também na dimensão prática quando identificamos que esses saberes dizem respeito à profissão daquele que ensina e/ou quando vemos esse saber em alguém, seja ele um professor ou não. No caso de um professor vê-se que ele sempre traz consigo essas duas dimensões que podem ser pensadas e vividas de diferentes modos. Alguns deles exigem que nos aproximemos de outras palavras para pensá-las e, espera-se, também vivê-las de uma maneira melhor.

1. A filosofia e a educação

A filosofia não se deixa "apanhar": nisso reside sua complexidade, mas também sua graça. Em filosofia é preciso sempre problematizar e em geral quando problematizamos nascem outras palavras que aquelas que antes estavam em um determinado lugar. Essa característica pode não ser um elemento específico do campo da filosofia, mas certamente diz de sua especificidade. Daí a necessidade de que as nossas palavras, em filosofia, estejam sempre situadas, especialmente quando as convocamos para nos acompanhar.

Vejamos então mais de perto algumas dessas ideias e quão próximos ou distantes ficamos delas.

A filosofia está inevitavelmente ligada à educação

Filosofia e educação são leituras de mundo e, por isso, situá-las significa, antes de mais nada, admitir que elas se dizem no *singular*, enquanto campos de conhecimento, mas também no *plural*, uma vez que há muitas leituras possíveis nesses campos.

Esses dois modos de ler o mundo estão fortemente entrelaçados, pois há uma dimensão educativa na filosofia e uma dimensão filosófica na educação. Reconhecer essa ligação é uma abertura para potencializar essas leituras.

Mas...ler o mundo é também escrevê-lo, pois nosso estar no mundo depende substancialmente dessas leituras. Ser professor requer um questionamento especial dessa leitura e dessa escrita tanto no que elas têm de educativo quanto de filosófico.

Não nos fazemos professor em um momento determinado... Essa é uma experiência que vai sendo (re)construída o tempo todo, que é singular uma vez que depende de quem somos e de quem fomos a vida inteira, e que se revela, e se determinam também, pelo nosso trabalho docente e pelas práticas pedagógicas que entram em jogo nessas outras experiências que temos quando nos encontramos com nossos alunos.

A didática está ligada ao currículo

Procurar a etimologia de uma palavra é um modo de nos abrirmos aos sentidos dela e de tentarmos explorá-los. Vejamos então, mais uma vez, o que a etimologia nos diz:

> Tudo o que se estuda dentro do sistema educativo está organizado com base em um currículo ordenador da prática. *Curriculum* é, em latim, o diminutivo de *currus* e alude tanto a uma 'corrida' como àquilo com o qual se faz a corrida, quer dizer, o 'carro'. O campo semântico do termo é bem concreto, refere-se ao combate e, por extensão, aos jogos que, em última instância, o simulam. Atestando a bem antiga comparação entre a luta e a vida, temos a expressão *curriculum vitae* no sentido de 'percurso de atuações na vida'. Nele se registram os relevantes da carreira profissional de um indivíduo. No âmbito educativo, 'currículo' faz referência às instâncias que devem ser percorridas, ao estilo de uma corrida, para poder dar por cumprido um trajeto educativo, quer se trate de uma matéria, um curso ou o âmbito completo de um nível educativo (CASTELLO; MÁRSICO, 2007, p. 85, grifo do autor).

Temos assim o currículo como aquilo que se estuda, como um ordenador da prática, e alude tanto à corrida quanto ao carro (meio com o qual se corre); no campo semântico refere-se a um combate e há jogos que o simulam; está ligado à vida; refere-se às instâncias que devem ser percorridas (como em uma corrida) e há, portanto, um trajeto, seja ele menor (uma matéria, por exemplo) ou maior (um nível educativo).

Um currículo, portanto, é composto por um conjunto de conteúdos que estão dispostos de um modo específico e que o integram, tais como, por exemplo, disciplinas e atividades. Supõe-se que este conjunto traz os conhecimentos que compreendemos como essenciais na formação em questão e, portanto, temos de antemão uma intencionalidade nesta formação. Um currículo é, assim, um ato político-pedagógico. E um ato sempre inaugura algo; ou seja, diz onde começa esta corrida e o caminho a ser percorrido neste trajeto.

Por outro lado, as imagens de combates e jogos que aparecem na etimologia da palavra nos abrem para uma problematização da intencionalidade de quem constrói os currículos e talvez possam nos afastar de falsas dicotomias. Há combates, seguramente, pois a construção destes passa por diversas instâncias que, se por um lado, fixam um tom, por outro não deixa de produzir nuances.

Os Cursos de Licenciatura em Filosofia, por exemplo, devem seguir as Diretrizes Curriculares Nacionais dos Cursos de Filosofia, bem como as Diretrizes para a Formação de Professores de Educação Básica. O tom está já nas Diretrizes, mas as nuances podem ser dadas pelo Projeto Pedagógico do Curso de cada instituição de ensino superior.

Além disto, um currículo só se efetiva na prática. Uma corrida não se faz em tese, apenas teoricamente. Há muitos atores envolvidos neste processo e ainda as corridas que acontecem vão, todas elas, desenhando uma história. Deixam marcas e pegadas. Não desaparecem com o tempo.

No que diz respeito ao Ensino Médio, temos um trajeto a percorrer com os alunos na disciplina filosofia. Os conteúdos podem estar definidos, mas como passar por eles? Como fazer essa corrida? Que opções didáticas fazer em relação a esses conteúdos? Isso dependerá de outros conteúdos!

Há muitos modos de compreender a didática e um deles nos parece bastante empobrecedor: quando a compreendemos apenas em sua dimensão técnica ou quando essa dimensão torna-se dominante. Podemos, por exemplo, encontrar um bom veículo para fazer a corrida, mas o caminho ser percorrido sem que ele tenha maiores significações para nós. Nesse caso, há uma espécie de cisão, uma separação, entre forma e conteúdo.

Também pode acontecer de tomarmos a didática como um recurso para tornar mais acessíveis determinados conteúdos e então corremos o risco de praticarmos certos reducionismos e, portanto, distorções.

Sugerimos, assim, uma compreensão da didática que resista a qualquer espécie de reducionismo, seja em relação à forma, seja em relação ao conteúdo.

De fato, toda essa discussão não é nova e sempre precisaremos passar por ela, uma vez que as questões do ensino de filosofia são, sobretudo, verdadeiros problemas filosóficos.

As questões aqui delineadas nos levam a tratar do ensinar e do aprender, e da filosofia e do filosofar, mas para tanto precisaremos antes pensar no lugar que damos à filosofia, o que esperamos dela.

A Filosofia no tempo presente

Saber o que esperamos da filosofia: eis um enorme desafio.

Podemos entender o desafio como uma batalha por alguma coisa e, por isso, nele tem algo de provocador. O sujeito que se desafia quer, de algum modo, "chegar lá", como também quer o competidor de uma corrida!

"O que queremos com a filosofia" é uma questão que nos faz olhar para trás no sentido de ver o que outros já quiseram dela, mas inevitavelmente nos lança em um tempo atual, ao tempo presente, àquilo que está sendo, pois é nesse terreno que nos movimentamos.

Ou seja, quais os desafios atuais que a filosofia pode nos ajudar a enfrentar? Como ela pode nos colocar de frente ao presente e como no presente podemos nos colocar de frente para ela?

Nossos tempos, nossos desafios

Há casos em que enxergamos bem não só o presente, mas também mais além. Os filósofos frankfurtianos trataram de questões que são mais atuais e decisivas hoje do que na época em que as formularam. Isso é ver e ir além. Vivemos hoje tempos de empobrecimento de experiências formativas.

Quando os filósofos da Escola de Frankfurt tratam da questão da formação (*Bildung*), o primeiro problema que apontam é o da predominância dos processos semiformativos que imperam nas sociedades administradas. A semiformação (*Halbbildung*) não é uma formação pela metade, como o nome pode inicialmente sugerir. Semiformação é o verdadeiro obstáculo para uma formação plena. Em primeiro lugar isso ocorre porque o sujeito semiformado acredita-se já formado e essa ilusão o coloca em uma posição muito problemática em relação ao saber.

Em grande medida, a semiformação decorre do consumo dos produtos da indústria cultural, termo cunhado, como se sabe, por Adorno e Horkheimer em 1947, em Dialética do Esclarecimento. Tais produtos reinam dominantes em nossas sociedades administradas, que se organizam em torno do capital. Esses produtos entorpecem o sujeito e, embora prometam o contrário, obstaculizam o contato com a cultura e arte autênticas. Eles trazem consigo uma "promessa de felicidade" que, na verdade, é irrealizável. Os produtos da indústria cultural são pasteurizados; simplificam e distorcem a realidade. E onde estão? Em toda parte, inclusive nas instituições de ensino, multiplicando os semiformados, os semicultos. Assim, a própria escola acaba tendo que lutar pela formação em um contexto no qual a semiformação domina a todos. Há casos em que não só enxergamos mal o presente, como também o passado... É necessário que nossas próprias leituras de mundo sejam problematizadas a todo o momento.

Historicamente o docente tem sido compreendido como aquele que sabe. Ele é o dono de um saber que deverá ser apropriado por um outro. Na escola, então, existem dois tipos de pessoas: umas que querem educar e outras que querem ser educadas. Há aqui uma espécie de pressuposto que já parece problemático: por um lado, os professores julgam-se já formados e, portanto, capazes de formar outros; por outro lado, alunos entregando a responsabilidade de sua formação para os professores. *Os professores são, então, aqueles que sabem o que e do que os alunos precisam.*

Em primeiro lugar tal pressuposto parece-nos problemático porque se apresenta como uma espécie de "mão única": um tem o que o outro precisa. Tudo se passa como se a relação com o outro não nos educasse também.

Em segundo lugar porque esse pressuposto carrega mais um: toma-se a formação em um sentido "menor", distorcido, reducionista; um professor bem formado seria aquele que sabe de seu conteúdo. Ora, essa perspectiva parece-nos expressão máxima da semiformação, pois formação, como já visto, é algo muito mais amplo e complexo: trata-se de uma série de manifestações espirituais que extrapolam o domínio de um campo específico de saber.

Vamos mais uma vez aos sentidos originários das palavras, dessa vez procuremos "alunos" e "professores":

> **Professor.** Do lat. *professore* "o que declara seus conhecimentos diante de outrem", por via erudita (NASCENTES, 1966, p. 610, grifo do autor).

> **Aluno.** Do lat. *Alumnu*, por via semi-erudita. Era a criança que se dava para criar. Espiritualizou o sentido (NASCENTES, 1966, p. 35, grifo do autor).

A etimologia dessas palavras nos sugere uma visão de aluno e de professor que ainda predomina fortemente em nossas escolas. Pelo menos na prática escolar podemos afirmar que realmente permanece uma certa compreensão dominante do professor como aquele que professa seus conhecimentos e do aluno como aquele que será "criado", educado pelas nossas instituições de ensino.

E quanto à formação? Qual seria a etimologia dessa palavra?

> **Formação.** Do lat. *formatione*, por via semi-erudita. Nos garimpos é o mesmo que *informação*, mineral que *indica* a presença do diamante (NASCENTES, 1966, p. 334, grifo do autor).

Formação liga-se à informação. Certo. Mas pensemos livremente na imagem dos garimpos: um mineral que *indica* a presença do diamante. Informação remete-nos à ideia de conteúdo, de conhecimento. Ocorre, entretanto, que de algum modo igualamos uma coisa a outra, reduzindo o processo formativo à aquisição de informações. Sabemos que tal mineral indica a presença de um diamante. Acontece, porém, que nos esquecemos da garimpagem necessária para chegar até essa pedra preciosa. Assim como a formação, a informação também transmite a ideia de "dar forma", mas esse deve ser um processo, sobretudo, interno; ou seja, a informação tem que fazer sentido para quem a recebe, promovendo uma espécie de integração no sujeito.

Esse modo de ligar formação e informação é uma tentativa de superar as costumeiras dicotomias nas quais nos emaranhamos: teoria x prática; conteúdo x habilidade; ensino x aprendizagem etc. E, falando nisso, todas essas dicotomias encontram-se na base de uma outra muito cara para quem ocupa-se das questões referentes ao ensino de filosofia: a filosofia e o filosofar...

Em geral, já conseguimos perceber que essas coisas se entrelaçam. A questão de agora é, talvez, pensar como se entrelaçam. Se continuamos um pouco mais na companhia dos filósofos frankfurtianos, podemos sugerir, através do conceito de dialética negativa, que o que tentamos fazer com os termos formação e informação foi um movimento de ligá-los tensionando-os. Ou seja, eles não se encontram apenas ligados, mas se ligam de um determinado modo. Mais que uma síntese entre eles (a ligação já dada e resolvida), interessa o próprio movimento de que eles se encontram em tensão (e isso requer contínua problematização, deixando sempre em aberto as tensões que podem emergir dessa ligação). Eis um dos desafios mais centrais dos nossos tempos: descobrir um modo de pensar melhor algum problema, alguma questão.

O ensinar e o aprender em Filosofia: a Filosofia entre o professor e o aluno

Três experiências no ensino de filosofia: pensamento, escrita e leitura

O ensino está na base de qualquer aula – tanto é que dizemos "ensino de matemática", "ensino de física", "ensino de história" etc., e... "ensino de filosofia". Não dizemos o ensino e a aprendizagem de tal disciplina. Tratamos do ensinar e do aprender em filosofia, mas o campo em que tais questões se inscrevem são o do ensino de filosofia.

Vamos propor aqui que o ensino de filosofia seja pensado como a combinação de três tipos de experiências: pensar, escrever e ler. Sim, porque algumas palavras chegam às aulas de filosofia e queremos compreendê-las como produtoras de determinados textos que podem ser ditos, escritos, lidos e, portanto, pensados. Esses textos têm sempre uma autoria.

Há sempre uma relação entre aquilo que é dito e o modo como se diz e podemos dizer que essa também é uma relação entre forma e conteúdo. Em uma aula de filosofia o professor diz da sua relação com esse saber e a maneira como se relaciona com ele diz exatamente sobre uma atividade específica: a do filosofar. Aqui já há um texto. Não se trata de um texto escrito e talvez, por isso, não seja tão fácil de reconhecê-lo como um texto de Descartes ou de Sartre. Trata-se de um texto que costuma se cruzar com outros textos, estes últimos sim com palavras escritas e, portanto, com palavras que podem se cristalizar para mais ou para menos, dependendo do modo como o conteúdo foi desenvolvido na escrita e também da leitura que se fizer dele. Está em jogo a experiência da escrita. Está em jogo igualmente a experiência da leitura.

O pensamento tem sua forma de exposição que se apresenta como "processo" e/ou como "produto". Aqui entram em cena a filosofia e o filosofar. Vejamos.

Se tomarmos, por exemplo, um texto de Kant, lá veremos a filosofia como produto. Esse conteúdo, porém, em algum momento foi processo, atividade intensa do pensamento, e transformou-se em um texto por esse mesmo processo. A experiência da escrita exige esse movimento. Mas a experiência da leitura também!

Quando professores e alunos estão em aula há um encontro entre eles e o conteúdo em questão. Volta a pergunta: os conteúdos estão lá. Como, porém, passar por eles?

Sim, porque o texto de um filósofo tomado como um produto acabado, significa, antes de mais nada, uma aniquilação da própria atividade filosófica. Quando um professor dirige a aula nessa direção, acaba por aniquilar a si mesmo, a seus alunos e ao próprio pensamento do filósofo. Mas se, pelo contrário, tenta instigar os alunos e a si mesmo a uma postura viva e aberta frente ao pensamento de um filósofo, tal fato significa que toma também para si o desafio que é o exercício filosófico. Então... o professor tem que correr junto! Mas... há também vários modos de "correr" com alguém!

O que penso de mim? O que penso do outro? Fazer essas perguntas no contexto de nossa discussão implica um desdobrar-se em outros questionamentos: Que lugar atribuo ao professor e, portanto, a mim mesmo? Que lugar atribuo ao aluno e, portanto, ao outro?

Se penso que o professor é aquele que professa, que ensina algo, o que eu ensino? O que se deve ensinar em filosofia? Deve-se ensinar em filosofia? Se sim, o quê? De fato, é preciso fazer perguntas desse tipo que nos remetem a uma problematização que é, ao mesmo tempo, pedagógica e filosófica.

O ensinar e o aprender:

Dissemos antes que vivemos em tempos de empobrecimento de experiências: nossa perspectiva teórica está situada e, como todas, marcam nossos caminhos. Isso significa que estamos preocupados que nossos alunos tenham oportunidades de experiências formativas. É o que queremos oferecer a eles. Mas há quem relacione o ensino de filosofia à necessidade de educar para a cidadania. Há quem queira desenvolver nos alunos a reflexão e o pensamento crítico. Não vamos explorar aqui o quanto essas pretensões podem apresentar de pontos em comum. Aliás, há muitos modos de se fazer essas coisas. E... o que acontece na prática pode não seguir o que pretendemos em teoria.

Silvio Gallo e Walter Kohan (2000a, p. 177-180) identificam três formas dominantes que marcam a prática dos professores de filosofia no Ensino Médio no Brasil: um ensino baseado na história da filosofia (baseada nos filósofos ou em temas e conteúdos filosóficos); um ensino baseado em problemas filosóficos; um ensino de habilidades cognitivas e/ou atitudes filosóficas. Identificam, porém, posturas diferentes que podem ser adotadas nesses três paradigmas: doutrinária, eclética ou aberta. Dizem os autores:

> Uma postura doutrinária é adquirida quando se privilegia *uma* teoria – ou história, ou problema (e sua solução), ou habilidade – como verdadeira, devendo ser aprendida como tal pelos alunos. Uma postura eclética é praticada quando se oferece uma combinação de histórias, problemas (e soluções), habilidades, como verdadeiras. Finalmente, uma posição mais aberta não coloca histórias, problemas (e soluções) e habilidades em termos de sua verdade, mas dá mais ênfase a outras categorias, como sentido, interesse, possibilidades emancipatórias (GALLO; KOHAN, 2000a, p. 180, grifos do autor).

Destacam ainda um último ponto na análise dos "como" da filosofia no ensino médio: embora a maioria compreenda que a filosofia se encontre nos textos, as posturas em relação ao espaço propriamente filosófico (o que é um texto? O que é um texto adequado para ensinar filosofia?) vão, de acordo com Silvio Gallo e Walter Kohan, desde as mais restritivas (textos escritos pelos filósofos clássicos) até as menos tradicionais (filmes, músicas etc.) que se utilizam de outros instrumentos (produções culturais que não foram desenvolvidas pelos filósofos profissionais).

Temos então um professor, um aluno e algo no meio: a filosofia (campo teórico) e o espaço em que ela se inscreve (um texto, compreendido de diferentes modos). Parece-nos que o mais problemático no ensino de filosofia é justamente não nos situarmos em relação à nossa filosofia e, portanto, ao nosso filosofar. Ou seja, uma postura mais aberta problematizaria, dizemos nós, de onde partimos e como partimos nesse ensinar e aprender que é o encontro que se dá entre professores, alunos e um campo de produção específico que é a filosofia (saberes). Como professores, nos relacionamos de determinados modos com esses saberes, os praticamos. Eis porque o ensino de filosofia, para além de ser um problema pedagógico, é também

um problema filosófico: se partimos de algum lugar é porque escolhemos uma ou mais filosofias entre todas.
Esse é o nosso passeio nesse modo de ler o mundo. Nós o escolhemos. Mas, e os alunos? Como podemos convidá-los para passear pelos caminhos da filosofia?

A palavra "estudar" pode nos ajudar a problematizar alguns pontos da discussão que envolve o ensinar e o aprender em filosofia. E o faremos com Ortega y Gasset que inicia seu texto "Sobre o estudar e o estudante (Primeira Lição de um Curso)", da seguinte maneira:

> Espero que durante este curso venham a entender perfeitamente a frase que, depois desta, vou pronunciar.
>
> A frase é esta: "vamos estudar Metafísica e isso que vamos fazer é uma falsidade". Trata-se de uma afirmação à primeira vista chocante, mas a perplexidade que produz não lhe retira a dose de verdade que possui. Note-se que, nesta frase, não se diz que a Metafísica seja uma falsidade: a falsidade é atribuída não à Metafísica, mas ao facto de nos pormos a estudá-la. Não se trata pois da falsidade de um ou de muitos de nossos pensamentos, mas da falsidade de um fazer nosso, da falsidade daquilo que agora vamos fazer: estudar uma disciplina. Na verdade, uma tal afirmação não vale apenas para a Metafísica, se bem que valha eminentemente para ela. O que essa afirmação quer significar é que todo o estudar é, em geral, uma falsidade (ORTEGA Y GASSET, 2000, p. 87-88).

E mais adiante afirma:

> As disciplinas, seja a Metafísica ou a Geometria, existem, estão aí, porque alguns homens as criaram mercê de um grande esforço e, se se esforçaram, é porque necessitavam delas, porque sentiam a sua falta. As verdades que essas disciplinas contêm foram originariamente

encontradas por um determinado homem, e depois, repensadas e reencontradas por muitos outros que adicionaram o seu esforço ao dos primeiros. Se esses homens as encontraram foi porque necessitaram delas, porque, por uma qualquer razão, não podiam prescindir delas (ORTEGA Y GASSET, 2000, p. 88).

O estudo, portanto, é uma necessidade, uma falta. E quando é uma necessidade imposta de fora, podemos até fazer aquela determinada coisa, porém não é uma falta ou uma necessidade nossa. Mas um aluno pode gostar do convite que faz um professor quando esse mostra a relação que ele próprio tem com aquilo que deseja oferecer ao aluno.

Vemos então que o que um professor tem a oferecer na prática pedagógica e na formação que ela propicia ao seu aluno é necessariamente fruto de seu *curriculum vitae*; um currículo que carrega em sua vida e torna-o quem é. Em qualquer ensino temos, assim, um elemento subjetivo e um elemento objetivo a uma só vez, que é o *curriculum vitae* de cada um e do próprio tempo em que vivemos.

Os alunos do Curso de Metafísica ministrado por Ortega y Gasset passaram por uma experiência diferente de outros que tiveram este mesmo Curso com outro professor, possivelmente com outro currículo e de outros tempos. E assim será sempre.

Esse é um exemplo do que consideramos uma experiência formativa – a proporcionada por Ortega y Gasset. Ela quer se fazer acontecimento, quer afetar, quer fazer com que sejamos sujeitos de uma pergunta. Tem lá um diamante e precisamos garimpar. Não é informação fácil. Não está na superfície. O caminho foi feito pelo professor, mas o convite é para que os alunos andem com suas próprias pernas. A imagem que propomos pode evocar os alunos apropriando-se vivamente de uma determinada questão e deixando-se formar e transformar por ela. É o aluno tornando-se sujeito da experiência do qual nos fala Larrosa (2002). Mas qual professor é capaz de tal feito? Aquele que também se faz sujeito da experiência e que, portanto, está disposto também a se transformar.

Professores e alunos andam tocando cada parte do caminho que se faz diferente agora porque estão acompanhados um dos outros e cada um faz no caminho suas próprias perguntas. O próprio caminho é uma pergunta. Sim, pois as perguntas se alojam de modos diferentes em cada um e também em tempos diferentes.

Então o que pode ser ensinar e aprender nessa perspectiva aqui assumida?

Voltemos ao início dessa unidade, quando tratamos da experiência do pensamento, da experiência da leitura e da experiência da escrita, e tentemos relacionar com as formas dominantes de ensinar filosofia: o ensino através da história da filosofia, o ensino através de problemas e o ensino de habilidades e/ou atividade filosófica.

A história da filosofia pode ser lida através de um conjunto de textos de filósofos clássicos que foram escritos a partir da leitura de mundo de cada um e são exemplos de pensamentos e de modos de pensar. Mas não apenas isso: individualmente e em conjunto tais textos dialogam uns com os outros ao longo das várias gerações.

Há recortes. Certo. E há conversas mais gostosas que outras. Há afinidades e desafetos. Há tudo isso. É possível aprender com a história da filosofia, com problemas filosóficos, bem como habilidades e/ou atitudes filosóficas. Todas essas podem ser boas maneiras. O mais importante é que a postura do professor seja aberta e não se assuma com um lugar de verdade, pois nesse último caso paralisa-se a filosofia, paralisa-se o filosofar, paralisa-se o ensinar, paralisa-se o aprender.

Um outro ponto a ser destacado é que, seja neste ou naquele modo de praticar o ensino de filosofia, quanto mais levarmos os alunos a conhecerem os pensamentos dos outros, mais repertório teremos para o nosso próprio pensamento. "Conhecer mais" aqui se refere tanto à qualidade quanto à quantidade.

E conhecemos não apenas pelas mãos do professor. É possível estudar – e conhecer! – sem um professor. Mas, em uma aula de filosofia o bom professor, talvez, seja justamente aquele que percorre bem com os alunos um caminho sem fechar(-se a) outros, estimulando-os a novos passeios. E o fato é que ninguém pode fazer nenhum caminho por uma outra pessoa.

A todo o momento realizamos ações que envolvem – explicita ou implicitamente – o aprender e o ensinar. Sempre estamos fazendo ou algo que já aprendemos ou algo que estamos aprendendo. Às vezes ocorre de alguém aprender conosco aquilo que já aprendemos ou até que ainda estamos aprendendo, de "propósito" ou "sem querer" – o que também significa que também é possível ensinar "de propósito" ou "sem querer". Mas o ensinar e o aprender podem ocorrer juntos ou não. E não se esgotam aí as combinações possíveis. Algumas delas são mais consensuais que outras. Mas tanto para aprender quanto para ensinar é necessário que se crie, sozinho ou com outro, abertura e disponibilidade para essas experiências.

REFERÊNCIAS

ADORNO, T. W. A filosofia e os professores. Tradução de Wolfgang Leo Maar. In: ADORNO, T. W. *Educação e emancipação*. 2. ed. Rio de Janeiro: Paz e Terra, 1995a. p. 51-74.

ADORNO, Theodor. W. Educação – para quê? Tradução de Wolfgang Leo Maar. In: ADORNO, T. W. *Educação e emancipação*. 2. ed. Rio de Janeiro: Paz e Terra, 1995b. p. 139-154.

ARANTES, P. et al. (Orgs.). *A filosofia e seu ensino*. São Paulo: EDUC, 1993.

BENJAMIN, Walter. Experiência e pobreza. Tradução Sérgio Paulo Rouanet. In: _____. *Magia e técnica, arte e política*: ensaios sobre literatura e história da cultura. 4. ed. São Paulo: Brasiliense, 1985. p. 114-119. (Obras escolhidas, v.1).

CADERNO CEDES CENTRO DE ESTUDOS EDUCAÇÃO SOCIEDADE. *A filosofia e seu ensino*. São Paulo: Cortez; Campinas CEDES, 2004. n. 64.

CÂNDIDO, C.; CARBONARA, V. (Orgs.). *Filosofia e Ensino:* um diálogo transdisciplinar. Ijuí: Ed. Inijuí, 2004.

CASTELLO, L. A.; MÁRSICO, C. T. *Oculto nas palavras*: dicionário etimológico para ensinar e aprender. Tradução Ingrid Muller Xavier. Belo Horizonte: Autêntica Editora, 2007.

CEPPAS, F.; OLIVEIRA, P. R.; SARDI, S. A. (Orgs.) *Ensino de filosofia, formação e emancipação*. Campinas, SP: Ed. Alínea, 2009.

CERLETTI, A. *O ensino de filosofia como problema filosófico*. Belo Horizonte: Autêntica, 2009.

GALLO, S. A filosofia e seu ensino: conceito e transversalidade. In: SILVEIRA, R. J. T.; GOTO, R. (Orgs.). *Filosofia no Ensino Médio:* temas, problemas e propostas. São Paulo: Edições Loyola, 2007. p. 15-36.

GALLO, S.; DANELON, M.; CORNELLI, G. *Ensino de filosofia:* teoria e prática. Ijuí: Ed. Unijuí, 2004.

KOHAN, W. O. (Org.). *Ensino de filosofia:* perspectivas. Belo Horizonte, Autêntica, 2002.

KOHAN, W. O. *Infância:* Entre educação e filosofia. Belo Horizonte: Ed. Autêntica, 2003. p. 181-205

KOHAN, W. O. (Org.). *Filosofia:* caminhos para seu ensino. Rio de Janeiro: DP&A, 2004a.

KOHAN, W. O. (Org.). *Políticas do ensino de filosofia.* Rio de Janeiro: DP&A, 2004b.

KOHAN, W. O. (Org.). *Lugares da infância:* filosofia. Rio de Janeiro: DP&A, 2004c.

KOHAN, W. O.; GALLO, S. Crítica de alguns lugares-comuns ao se pensar a filosofia no ensino médio. In: KOHAN, W. O.; GALLO, S. (Orgs.). *Filosofia no ensino médio.* Petrópolis: Vozes, 2000a. (Série filosofia e crianças, v. 6) . p. 174-196.

KOHAN, W. O.; GALLO, S. (Orgs.). *Filosofia no ensino médio.* Petrópolis: Vozes, 2000b. (Série filosofia e crianças, v. 6).

KOHAN, W. O.; LEAL, B. E RIBEIRO, A. (Orgs.). *Filosofia na escola pública.* Petrópolis: Vozes, 2000. (Série filosofia e crianças, v. 5).

KOHAN, W. O.; BORBA, S. (Orgs.). *Filosofia, aprendizagem, experiência.* Belo Horizonte: Autêntica, 2008.

KOHAN, W. O.; XAVIER, I. M. (Orgs.). *Abecedário de criação filosófica*. Belo Horizonte: Autêntica, 2009.

KOHAN, W.O.; XAVIER, I. M. (Orgs.). *Filosofar:* aprender e ensinar. Belo Horizonte: Autêntica, 2012.

NASCENTES, A. *Dicionário etimológico resumido.* Brasília: Instituto Nacional do Livro/Ministério da Educação e Cultura. (Coleção Dicionários Especializados), 1966.

NETO, H. N. (Org.). *O ensino de filosofia no 2º grau.* São Paulo: SOFIA Editora SEAF, 1986.

ORTEGA Y GASSET, José. Sobre o estudar e o estudante (Primeira lição de um curso). In: ARENDT, Hannah; WEIL, Eric; RUSSELL, Bertrand; ORTEGA Y GASSET, José. Seleção, prefácio e tradução de Olga Pombo. *Quatro textos excêntricos.* Lisboa, Relógio D'Água, 2000. p. 87-103.

PIOVESAN, A. et al. (Orgs.). *Filosofia e ensino em debate.* Ijuí: Ed. Inijuí, 2004.

SCHOPENHAUER, A. Sobre a erudição e os eruditos. Tradução de Pedro Süssekind. In: SCHOPENHAUER, A. *A arte de escrever.* Porto Alegre: L&PM, 2011. p. 19-38.

SILVEIRA, R. J. T.; GOTO, R. (Orgs.). *Filosofia no Ensino Médio:* temas, problemas e propostas. São Paulo: Edições Loyola, 2007.

FILOSOFIA DO ENSINO DE FILOSOFIA

Celso F. Favaretto
Professor de Filosofia na Faculdade de Educação da USP[30]

A pergunta, o ensino de Filosofia visa a levar o aluno a assumir uma atitude filosófica ou a fazer uma entrada no trabalho filosófico, expõe os imaginários pedagógicos que envolvem as discussões em torno de uma atividade problemática na situação escolar brasileira, em que a valorização da disciplina provém da crença de que o exercício desta modalidade de pensamento provém do trânsito por conhecimentos e linguagens que permitem a maturidade intelectual, social e afetiva. Acredita-se que a filosofia é requerida no processo educacional, pois cobre uma das necessidades fundamentais do homem.

A tentativa de compreender e de justificar as condições e processos do entendimento através de uma reflexão que leva em conta tanto os dados da experiência como os dados dos diversos conhecimentos humanos encontra na filosofia o seu lugar mais específico. A particularidade da filosofia está exatamente no ato de ultrapassar tanto os dados da experiência como um conjunto dos conhecimentos que vêm do senso comum, das técnicas e das ciências. Porque pela filosofia a experiência humana, em todos os seus aspectos, pode ser colocada sob o prisma da reflexão – na busca dos seus fundamentos, dos saberes e dos comportamentos, das escolhas e

---

[30] Celso Fernando Favaretto possui graduação em Filosofia pela Pontifícia Universidade Católica de Campinas (1968), mestrado em Filosofia pela Universidade de São Paulo (1978) e doutorado em Filosofia pela Universidade de São Paulo (1988), livre-docência pela Faculdade de Educação da USP (2004). Atualmente é professor efetivo aposentado da Universidade de São Paulo. Tem experiência na área de Filosofia, com ênfase em Estética, Educação e Ensino de Filosofia.

das suas justificativas. A filosofia responde, portanto, a uma necessidade que não pode ficar fora do processo educacional, em especial no ensino médio, em que se manifesta a curiosidade e a necessidade dos jovens de colocar em perspectiva os problemas que dizem respeito à sua existência e à experiência humana em geral, especialmente o que respeita à moralidade e à justiça. Não há melhor modo de satisfazer essa necessidade e essa curiosidade que a de colocar à disposição um conjunto de conhecimentos, uma específica rede conceitual, procedimentos de análise e interpretações que os ajudem a se colocarem criticamente perante a realidade – julgando, criticando, aceitando e rejeitando, conforme os impulsos próprios da adolescência.

Mas a dificuldade estaria na convicção, comum em profissionais da filosofia, de que a atividade filosófica só se efetiva em seu conteúdo; isto é, quando se aprende o conteúdo da filosofia, isto é, quando se viaja pelos textos e sistemas, por teorias e problemas, historicamente constituídos e sistematizados. Contudo, para alguns, não se aprende filosofia alguma, só é possível aprender a filosofar, ou seja, segundo Kant, aprende-se a "exercitar o talento da razão na aplicação de seus princípios gerais em certas tentativas que se apresentam, de modo que "aquele que quer aprender a filosofar [...] só pode considerar todos os sistemas de filosofia como história do uso da razão e como objetos para o exercício de seu talento filosófico"[31]. Como se sabe, esta posição, tomada como justificativa de uma certa atitude apressada que, pedagogicamente, afirma a aprendizagem do aprender como oposto a ensino de alguma coisa, originou a mitologia de que "não se ensina filosofia, mas apenas a filosofar". Entretanto, se Kant afirma que não há um saber filosófico aceito, como o da matemática, por exemplo, filosofar implica tentativas de saber, em doutrinas, textos etc. Fazer o uso livre da razão nestas tentativas,

---

31 cit. OBIOLS, Guillermo. *Uma introdução o ensino de Filosofia*. trad. Sílvio Gallo. Ijuí-RS: Ed. Unijuí, 2002, p. 74-75.

exercitar o talento sobre os sistemas existentes, põe em relevo a experiência do pensamento como experiência pessoal da razão: como formação, portanto. Uma experiência em que o sujeito que expor uma questão, que formula uma interrogação, é interrogada por ela.

No fundo, essa diferenciação entre ensinar e aprender filosofia ou ensinar e aprender a filosofar é um falso problema. Não é possível fazer da filosofia alguma coisa com especificidade própria sem a referência ao pensamento que os homens vêm elaborando desde o momento em que o pensamento se tornou mais formalizado, quando passou a ser escrito, na Grécia clássica. Ao mesmo tempo em que o aprendizado dos conhecimentos já elaborados é básico, e não só em filosofia mas em todos os setores do conhecimento humano, este aprendizado em si já é filosofar. A diferenciação, quando é feita, tem em vista levar em conta que para haver a filosofia como ato, para se filosofar, não há necessidade exclusiva de se partir do trabalho filosófico estrito, dos textos que a tradição reconhece como filosofia; ou seja, que ela pode se fazer, refletir, diretamente sobre os acontecimentos humanos, sobre a experiência humana, sobre qualquer fato humano. Porque, é óbvio, desde sempre os pensam sobre todos os aspectos da vida, de modo que nem sempre seja preciso que tal pensamento se configure especificamente como filosofia. Assim, o filosofar na verdade não é uma coisa que se restringe a uma atividade e a um aprendizado profissional. Neste sentido, a filosofia como pensamento reflexivo é generalizada: o que se chama filosofia está em todos os lugares. Porém, o filosofar que mais nos interessa e que interessa mais especificamente na educação, seja na educação básica, seja na universidade é aquela atividade de filosofia que necessariamente trabalha com certos pressupostos, trabalha com certas formalidades – esses pressupostos e essas formalidades estão dados nas pesquisas mais específicas. A questão principal, no caso do ensino básico, é como não transformar a disciplina nesse nível básico numa simples transferência dos procedimentos do ensino universitário de filosofia. Há uma especificidade própria do ensino de filosofia no nível básico. Essa especificidade é acima de tudo pedagógica, ou seja, a relação entre o que é especifico na filosofia e o que é necessário pedagogicamente é que deve resolver a questão da filosofia como disciplina propriamente educativa, como formação.

Estas considerações aparecem claramente nas concepções, tornadas emblemáticas, sobre o ensino de filosofia no Brasil. Na primeira, o ensino de filosofia é entendido como ensino de concepções críticas do mundo, como construções de visões do mundo, totalizações que permitem interpretar a, assim chamada, realidade. Entende-se que o valor formativo da filosofia está no fornecimento de um conjunto acabado de conhecimentos, articulados como sistema de verdades e valores próprios para serem adquiridos. Sacados da tradição, supostamente constituída cumulativamente, os conhecimentos estariam à disposição para fundamentar toda sorte de necessidades de explicação, de escolhas e apostas. Entretanto, com que espécie de unidade se sonha com isto? Que ciência maravilhosa é esta, que supondo uma unidade da experiência, da ciência, do saber, da cultura, aspira suprir os abismos e as descontinuidades daquilo que apenas vive e nem mesmo sabe o nome do que é pensado, porque a linguagem não é instituinte de um saber que provém de alguma instância doadora de sentido?

A segunda, que o ensino de filosofia é um debate sobre os problemas da "realidade" e da "atualidade" – aqueles que surgem dos acontecimentos sociais, políticos, éticos, existenciais etc. e que, acredita-se, constituem-se em as preocupações imediatas dos jovens. Munidos das visões de mundo, tratar-se-ia de discutir os "problemas" tendo em vista entendê-los, supondo-se que o entendimento dirige ação transformadora; que a consciência dos problemas, assim constituída; isto é, segundo as totalizações à disposição, tem poder de transformação da, assim chamada, realidade.

A terceira, vive da ilusão de que a filosofia é comunicativa, que o pensamento se elabora discutindo alguma coisa. E, mais ainda: acredita que o conhecimento provém da passagem dos fatos diversos, dos acontecimentos amontoados, enfim, da experiência imediata, para uma inteligibilidade. Ora, o pensamento que se manifesta como filosofia implica discernimento de estruturas, de configurações, por operações que constroem, ou decifram, alguma lei implícita nos acontecimentos, de modo que o que é configurado inventa o sentido. As regras que explicitam o funcionamento destas configurações, articulando conceitos, proposições e argumentações, é que instituem o trabalho filosófico como dinâmica textual, de que, espera-se, o educando deve se apossar. Além do mais, a filosofia não é discussão porque, a rigor, ela se inventa como linguagem pelo movimento do conceito. Não se pensa, fala, escreve, sobre o que já se sabe, mas sobre o que há a dizer, tentando, se possível, dizer.

A quarta, que o ensino de filosofia pode ser entendido com o ensino de história da filosofia ou de temas da história da filosofia. Esta concepção supõe que o mais importante para a formação dos alunos seria a aquisição de um conjunto sistematizado de informações, conhecimentos acumulados desde a origem da filosofia. Seguir o desenvolvimento histórico, linear ou não, dessa formação chamada história da filosofia seria a maneira mais adequada de permitir que os problemas considerados relevantes culturalmente sejam compreendidos. Assim, se a filosofia pode contribuir para com o processo educativo dos jovens, seria pela via da informação contextualizada. É verdade que esta é uma maneira um tanto restrita de se considerar a história da filosofia, de torna-la um referencial para o ensino, mas é a mais é a mais comum. Outra coisa é considerar a história da filosofia uma referência incontornável para o ensino a partir dos temas nela suscitados, articulando-os aos temas e problemas que repercutem na atualidade dos alunos, culturalmente localizados. Não se trataria então de tomá-la como o conteúdo do ensino mas como o lugar onde os temas e os problemas encontram possibilidades de formalização conceitual e argumentativa e adquirem significação frente a valores, experiências, escolhas, opções etc.

Finalmente, aquela em que o ensino de filosofia é compreendido como estratégico para o desenvolvimento de habilidades cognitivas. Esta é uma proposta muito em evidência no Brasil, pois responde a uma necessidade premente: responder ao fato de que os alunos chegam ao final do ensino médio, e mesmo à universidade, com graves deficiências discursivas, de língua e de linguagem. Desde a gera as condições para esta inscrição. A leitura filosófica, de textos filosóficos e não filosóficos, é o exercício indispensável para que ocorra a inscrição. Reivindicação para que a filosofia fosse reintroduzida como disciplina do currículo, foram criadas muitas expectativas sobre um suposto poder que ela teria de resolver tais deficiências, enfatizando a elaboração dos procedimentos gerais dos pensamentos, um objetivo fundamental do ensino que deveria atingir no nível médio o seu ponto de otimização. Caberia assim à filosofia, como uma espécie de disciplina salvadora, propiciar o desenvolvimento das capacidades de leitura e de análise de textos; das técnicas do raciocínio e dos modos da argumentação; dos métodos de questionamento e de problematização; finalmente, da expressão do pensamento. Sabe-se que o exercício do trabalho intelectual, que a atividade de conhecimento em geral, supõem tais recursos, e em todas as disciplinas. Mas a impotência do sistema escolar no que respeita, particularmente, ao domínio da língua e elaboração de linguagem, apelou quase que em desespero à filosofia para solucionar o problema. As expectativas só poderiam se frustrar, pois derivadas de uma concepção messiânica da filosofia. Esta posição, pedagogicista, não se sustenta. É ela é uma das maneiras mais inadequadas de se pensar a formação de uma 'atitude filosófica', pois redutora do pensamento filosófico a simples metodologia do conhecimento.

E então, nestas condições, o ensino de filosofia visa a uma atitude ou a um trabalho? A ambos. A filosofia que se elabora como disciplina do currículo escolar, visa, precipuamente, a inscrever na sala de aula um trabalho de orientação do pensamento; um trabalho que supõe uma leitura entendida não como fonte doadora de conhecimentos mas como exercício de desconcertação e de escuta. Formar na escuta dos textos talvez seja a atitude mais indispensável: exercício de reexame dos pressupostos e subentendidos do texto apto a captar o impensado no já pensado. Articulado em produção de conceitos, argumentação e problematização, o ensino de filosofia propõe as condições de acesso ao pensamento em ato e que, conforme a necessidade, recupera e retraduz os atos da filosofia.

Estas posições evidenciam porque o ensino de filosofia no nível médio tem uma existência problemática, principalmente porque o desenho de disciplina só recentemente começa a ser traçado. Ela existiu, desde os primeiros cursos nas escolas eclesiásticas da colônia, segundo concepções universalizantes de saber, escolásticas ou ecléticas, sem se definir propriamente como "disciplina", matéria de ensino, com objetivos e significação escolares. Até pouco tempo não existia o problema de pensar a filosofia nos cursos de graduação e de nível médio. Bastava transferir os conteúdos, princípios e procedimentos da primeira para a segunda. Não havia uma cultura escolar do ensino de filosofia. Assim, porque a filosofia sempre foi considerada um saber renitente a práticas didáticas, mesmo quando esteve com a disciplina permanente do currículo ela não chegou alcançar o estatuto de disciplina.

Então, antes de tudo, é preciso considerar que a filosofia no ensino médio não tem sido, propriamente, uma disciplina – porque nem sempre esteve no currículo apesar da sua importância sempre reconhecida; porque os alunos obviamente não encontram nela alguma utilidade imediata; porque os professores não sabem ou têm muitas dificuldades de inscrever um trabalho que colabore de modo específico e relevante a efetivação dos objetivos da escola de nível médio. Trata-se, portanto, de confirmá-la no currículo, o que implica, além dos problemas legais, formação de professores e clareza quanto às possibilidades concretas do exercício da disciplina

A questão da formação dos professores é crucial. Principalmente porque custa aos filósofos efetuar a mediação entre filosofia e educação; isto é, realizar um trabalho didático com a filosofia. É comum que se considere que isto é indevido em se tratando de filosofia, pois, como se costuma dizer, a filosofia não serve para nada, só vale para quem gosta etc. Contudo: ela é disciplina escolar, curricular, e a questão é: como fazer dela algo significativo educacionalmente sem se abdicar de sua especificidade como modo de pensamento. Nada vale ficar insistindo que ela deve levar os alunos ao "desenvolvimento do espírito crítico", conforme o slogan que circula há tanto tempo. Sendo o professor filósofo, só pode inscrever na sala de aula um trabalho específico e relevante se ele antes definir para si o próprio lugar de fala: de onde fala, e de que lugar institucional; o que fala, para quem fala e visando quais efeitos. Difícil? Não é diferente do que ocorre com as outras disciplinas do currículo, mormente nas humanidades. Difícil é fazer o professor de filosofia aceitar que, no ensino médio, ele e a filosofia cumprem finalidades educativas. Aí, ele e a filosofia não têm a autonomia que talvez equivocadamente reivindicam.

É preciso também acentuar que uma abordagem adequada da filosofia no ensino médio brasileiro exige uma reflexão sobre a cultura escolar e a história das disciplinas escolares para a identificação do lugar da filosofia na grade escolar; uma reflexão sobre o processo de legitimação da disciplina feita pelos professores, instituições de filosofia, instâncias educacionais; uma reflexão sobre as justificativas pedagógicas desenvolvidas a partir de meados dos anos de 1970 e, sobretudo, uma reflexão sobre o entendimento do que deve e pode ser esta disciplina para cumprir as expectativas nela depositadas

– tanto as expectativas legítimas como as exageradas e frequentemente mistificadoras.

A presença da filosofia no ensino médio como disciplina obrigatória vinha sendo requerida há muito tempo. Fazendo um rápido retrospecto do que foi o ensino de filosofia no Brasil, desde as primeiras leis de diretrizes e bases da educação nacional, por volta dos anos de 1930, percebe-se que ela nunca esteve, até recentemente, estável no currículo, comparado com disciplinas como as científicas, matemática e línguas. E mais, mesmo quando incluída no currículo nunca estava pensada de modo estratégico, ou seja, como disciplina educativa. Ela entrava com a justificativa genérica de que a filosofia deveria ser estudada por ser o conhecimento humano mais profundo, fundamental para a compreensão da essência da vida. Mas isso não se transformava realmente em um material propriamente educativo, apesar da consideração de que sua ausência era muito sentida dada a sua importância na formação, entendida como processo emancipador, voltado para o desenvolvimento da a autonomia pessoal, social e política, essencial para que os jovens possam se situar criticamente face às mudanças dos conhecimentos, da cultura, dos valores. Percebia-se que a falta da filosofia estava contribuindo para uma debilidade do ensino, principalmente do nível médio. O fato se agravou a partir dos anos 1970, quando a legislação brasileira começou a tender demais para a acentuar no currículo o objetivo de profissionalização, que era uma necessidade e continua sendo, evidentemente, mas que foi valorizado em detrimento das disciplinas ditas humanísticas, especialmente da filosofia cuja função não seria essencial para este tipo de formação. A partir de meados de 1980, professores de filosofia de nível médio e da universidade iniciaram uma mobilização para fazer da preocupação com a ausência da filosofia para a reivindicação da filosofia como disciplina obrigatória. Foi um longo trabalho político, junto às instâncias institucionais, com a criação de entidades específicas dos filósofos, cursos de formação de professores, publicações etc. A partir do momento, recente, em que se tornou por força de lei disciplina obrigatória no ensino médio, abriu-se uma outra etapa do movimento: consolidar a disciplina como disciplina mesmo, o que implica que os professores de filosofia saibam exatamente qual é a especificidade dessa filosofia como disciplina, que exerçam no seu trabalho essa especificidade através dos procedimentos que identificam uma área de saber, mas ao mesmo tempo que seja uma disciplina formativa e não apenas mais uma disciplina de conhecimentos específicos.

Esta tematização tem em vista pensar a significação da disciplina como contribuição privilegiada para o acesso dos alunos aos procedimentos gerais de pensamento, particularmente os específicos do trabalho filosófico, considerados requisito fundamental para o atendimento dos objetivos formadores do ensino médio. Determinar o preciso lugar dessa especificidade, que é filosófica, mas é simultaneamente cultural e pedagógica, é o ponto central de qualquer discussão, proposta e proposições didáticas sobre ensino de filosofia.

Atualmente, considera-se vencida a etapa militante que propugnava o reconhecimento da disciplina no concerto das disciplinas obrigatórias, levada a efeito desde o início dos anos de 1980 por professores de nível médio superior, por departamentos de filosofia, em seminários, congressos e articulações políticas junto a entidades profissionais, Secretarias de Estado, Assembleias Legislativas e Congresso Nacional. Trata-se agora de levar adiante o processo, já iniciado desde algum tempo, de ativar o trabalho de construção da disciplina no interior das iniciativas atuais de rearticulação do ensino médio. Da maior importância é o destaque que se deve dar à importância de uma nova variável no processo em curso: o afluxo de cursos e atividades diversas, de publicações didáticas e paradidáticas, de livros, revistas e produtos virtuais, que pretendem satisfazer a demanda imediata de um mercado de filosofia que se expande rapidamente.

Um trabalho que se impõe agora, face a esse verdadeiro *boom* da Filosofia, é o de autolegitimação da disciplina, de modo que o seu exercício possa garantir a honra do nome. E mais: apesar de toda a importância atribuída à filosofia na escola, há uma dificuldade prévia para essa tarefa, que é o desastrado funcionamento do dispositivo escolar; das instalações e salários ao trabalho propriamente pedagógico; particularmente da irrisão da prática da filosofia na sala de aula. Enfim, trata-se, em um contexto por vários motivos adverso, de instituir a filosofia como disciplina pedagógica.

A filosofia que se pensa necessária e estratégica nas atuais condições da escola brasileira visa, acima de tudo, a inscrever pragmaticamente na sala de aula um trabalho de produção de referências para a constituição de processos de pensamento entendidos simultaneamente como exercício de desconcertação e de escuta dos pressupostos e subentendidos dos discursos[32]. Este trabalho, para tornar significativa a disciplina em relação aos objetivos formativos do ensino médio a partir dos procedimentos específicos da filosofia, precisa materializar no trabalho em sala de aula o funcionamento dos dispositivos de pensamento que tornam filosóficos um texto, uma conversa, uma discussão.

Tem-se em vista, assim, pensar a filosofia no ensino médio como trabalho de apropriação pelos alunos do trabalho filosófico – considerado relevante e necessário para a formação intelectual e cultural dos jovens pelas suas características básicas – elaboração conceitual, procedimentos argumentativos e problematização, ênfase nos processos enunciativos. Para isto é fundamental explicitar as regras de funcionamento do pensamento e apreender os modos como o pensamento é gerado nas diversas configurações que a história da filosofia coloca à disposição. Mas é bom notar que, se a necessidade

---

32 cf. DELEUZE, Gilles. *Conversações*. Trad. Peter Paul Pelbart. Rio de Janeiro: Ed 34, 1992, p. 1992, p. 185 e LYOTARD, Jean.-François. *O pós-moderno explicado às crianças*. Trad. Tereza Coelho, Lisboa: Dom Quixote, 1987, p. 121.

de que o trabalho em sala de aula afirme a especificidade do discurso filosófico implica a construção de referências cognitivas, metodológicas e informativas, a garantia da viabilidade deste trabalho é fornecida pelo trânsito pela linguagem e na cultura. Em suma: pelo trânsito de mão dupla entre saber e experiência. Daí que as estratégias didáticas requerem da parte dos professores além da óbvia formação e atitude filosóficas um amplo conhecimento dos imaginário da cultura e vivências em que os alunos se situam, patentes nas linguagens de que se servem para construir suas justificativas de gosto, de juízos morais, escolhas existenciais etc. Qualquer elaboração que é reconstruída a partir de algum ponto da tradição filosófica só interessa enquanto tem significação para os alunos; enquanto lhes permitam passar do tumulto das experiências e da multiplicidade de sistemas de referência para uma formalidade de pensamento que mobilize algo como uma vontade saber, uma justificativa para seus atos ou um critério dos julgamentos Nada melhor para isto do que focar os trabalhos em problemas que tenham a virtualidade de ser simultaneamente sensíveis, localizáveis na experiência e expressos, interpretados em textos filosóficos, artísticos, literários e científicos.

Sabemos das dificuldades de se implementar estes requisitos no Brasil. Então é preciso que os professores decidam qual o tipo de aprendizagem filosófica que é desejável, e possível – o que supõe que saibam definir o seu lugar de fala. De que filosofia se trata, esta que quer cumprir uma função tão necessária no ensino? Quais os requisitos indispensáveis para que ela forneça o que é prometido na filosofia? Que tipos de operações precisam ser desencadeadas, mesmo treinadas, para que a aula não sossobre nos discursos fluidos, fascinantes ou tediosos? Como a aula de filosofia pode se tornar um lugar de construir, de fabricar pensamentos com os alunos? Pensamentos estes que correspondem à imagem do pensar que pode ser entendido pelos alunos como "um meio de orientar-se no pensamento"?³³ Contanto que, orientar-se no pensamento, não signifique orientação do pensamento, e que não tenha nada a ver, como diz Deleuze³⁴, com "discutir um pouco", desenvolvendo uma suposta capacidade de "refletir sobre alguma coisa", sobre algum assunto – e este, sabemos, é um dos equívocos mais persistentes no ensino de filosofia no Brasil. Também não é útil a atitude, muito comum, de passar diretamente do acúmulo dos fatos e acontecimentos diretamente para a interpretação, sem o necessário trabalho de inteligibilidade em que a atenção se concentra na produção de conceitos e no exercício de uma lei, de uma estrutura, na enunciação enfim.

E também sabemos que o mais difícil é gerar as condições para que o pensamento apareça como necessidade, que desate aquela espécie de curiosidade que destaca as pessoas de si mesmos, de suas âncoras e os impulsiona a pensar, de modo que assim experimentam o pensamento como criação e descaminho³⁵. É muito raro que isto ocorra diretamente por uma vontade de conhecer e mais difícil ainda por um prazer de conhecer ou por amor da verdade. Lembrando novamente Deleuze: "Aprender diz respeito essencialmente aos signos. Os signos são objeto de um aprendizado temporal, não de um saber abstrato. Aprender é, de início, considerar uma matéria, um objeto, um ser, como se emitissem signos a serem decifrados, interpretados. Não existe aprendiz que não seja egiptólogo de alguma coisa. Alguém só se torna marceneiro tornando-se sensível aos signos da madeira, e médico tornando-se sensível aos signos da doença. A vocação é sempre uma predestinação com relação a signos. Tudo que nos ensina alguma coisa emite signos, todo ato de aprender é uma interpretação de signos ou de hieróglifos"³⁶.

---

33   cf. LEBRUN, Gérard. "Por que filósofo?". *Estudos Cebrap- 15*. São Paulo, 1976, p. 151. Rep. em *A Filosofia e sua História*. Org. Carlos Alberto R. de Moura et al. São Paulo: Cosac Naify, 2006, p. 19 e ss.
34   cf. DELEUZE, G. op. cit., p. 174.
35   cf. FOUCAULT, Michel. *História da Sexualidade- II. O uso dos prazeres*. Trad. Maria Thereza da Costa Albuquerque. Rio de Janeiro: Graal, 1984, p. 13.
36   cf. DELEUZE, G. *Proust e os signos*. Trad. A.C. Piquet e Roberto Machado Rio de Janeiro: Forense - Universitária,1987, p. 2.

Então, será que não é por aí que pode começar o ato de conhecimento, o trabalho do pensamento, o ensino de filosofia? Escolher, recortar, fabricar um objeto que emita signos que dizem respeito à vida, mas que só podem se tornar significativos quando procedem de uma problematização em que articula produção conceitual e um determinado regime enunciativo, no atrito da linguagem com a experiência[37]. É claro que não se trata de propor algo para os alunos fazerem, nem mostrar como se faz: mas, antes, trata-se de fazer com eles. Aprender a detectar pressupostos, a reconhecer as funções mais freqüentes e mesmo gerais do funcionamento dos discursos, a reconstruir argumentos a partir da leitura, confrontar teses ou posições, emitir juízos próprios e fundamentados são exercícios que podem desatar a potência do pensamento. Um trabalho necessário no Brasil, que pode ser exercitado segundo a tríplice exigência filosófica: de ordem lógica, de ordem expositiva e da ordem da descoberta ou da invenção.[38] Todo o interesse está na apropriação pelos alunos das operações que efetuam o sentido em um texto, discussão ou conversa.

Proceder didaticamente por estratégias e táticas[39]. A estratégia, que determina, circunscreve um campo supõe a invenção de táticas, que são da ordem da astúcia, da exploração do instante, dos pontos de concentração e de inflexão dos movimentos, da seleção de signos, do adensamento de relações aparentemente casuais. Se os cursos são estrategicamente montados, em objetivos, conteúdos e metodologias, sabe-se que só a escuta atenta da sala de aula pode ser a medida para intervenções que fazem o pensamento tomar forma. Trabalho com a enunciação, análise de discurso e elaboração conceitual são os suportes dessa atividade.

---

37 cf. FERRARA, Lucrécia D'Alessio. "Sala de aula: espaço de uma experiência". *Margem-2*. São Paulo, nov. 1993, p. 124.
38 cf. COSSUTA, Frédéric. *Elementos para a leitura dos textos filosóficos*. trad. Angela de Noronha Begnami et al. São Paulo: Martins Fontes, 1994, p. 5.
39 cf. CERTEAU, Michel de. *A invenção do cotidiano. Artes de fazer*. Trad. Ephraim F. Alves. Petrópolis: Vozes, 1994, p. 46-47.

Nesta atividade, é urgente pensar a Filosofia e o ensino de Filosofia em uma situação em que vigem – na teoria, na cultura, na sensibilidade, nos comportamentos – a multiplicidade, a heterogeneidade e a dispersão. O valor formativo da Filosofia tradicionalmente sempre se referiu a uma suposta unidade da experiência e do saber, o que implica, devido à visão de totalidade aí implícita, o requisito de sistematicidade. Já faz tempo que não se fala mais em Filosofia, mas em Filosofias, de modo que não se pode simplesmente tratá-la como um corpo de saber, à disposição para ser transmitido. Resistente às totalizações que fazem dela um saber soberano, a Filosofia nem mesmo é um ato, ou uma região delimitada e fixada do saber, mas algo em ato[40].

Contudo, apesar da dispersão, ela continua mantendo conexões com a ideia de formação: com a ideia de que o espírito humano está sempre à espera de algo que o leve a cumprir-se. As dificuldades desta proposição provêm do fato de que a formação supõe o término de um processo, geralmente longo, cujo objetivo primordial é o de levar o educando à maturidade e à conquista da autonomia, de pensamento e existencial; ou seja, implica o ideal de emancipação, tal como pensada na Ilustração. Mas o exercício de pensamento, mobilizado nestas filosofias, que é um trabalho que está sempre no meio, em curso e que sempre recomeça, não produz a imagem tradicional de formação pois não supõe a possibilidade de um curso que, desenvolvido, leva à formação. O que pode ser considerado formação não vem de um conjunto sistematizado de conhecimentos. Talvez se possa dizer que a formação agora não é algo que decorre do que se aprende na Filosofia, mas o que é destilado nas próprias e variadas operações do pensamento tido como Filosofia. Um reexame dos pressupostos e subentendidos dos discursos permite entender o trabalho filosófico e surpreender a sua tônica formativa pela elaboração que, ao

---

40   cf. LYOTARD, J-F. op. cit. p. 119 e ss.

articular o que está em curso com o que foi cursado, dá acesso ao impensado no que já foi pensado.

Uma proposição como esta resiste e encontra resistência na, assim chamada, realidade. A proliferação de teorias e discursos, de teses e conhecimentos, de técnicas, instrumentos e comportamentos, enfim, o domínio do múltiplo e do heterogêneo, dificultam o próprio trabalho filosófico, que provém da paciência e da sistematização. Se assim é no trabalho filosófico, quanto se trata de pensar a Filosofia como disciplina escolar do ensino médio não ocorre coisa diversa.

Situar a Filosofia enquanto disciplina escolar no horizonte dos problemas contemporâneos – científicos, tecnológicos, ético-políticos, artísticos, culturais – implica perguntar por sua contribuição específica ao lado das demais disciplinas ou dos dispositivos que fornecem, ou pretendem fornecer, referências e significados para a vida pessoal e social. Em resumo, pergunta-se como a Filosofia situa-se na produção cultural como modo de produção de sistemas de significação. Mais do que agência fornecedora de informações e significados, a Filosofia em ato constitui-se em modalidade enunciativa que, pela sua especificidade, tematiza e elabora as dificuldades da produção de sentido.

Um trabalho de Filosofia no ensino médio pode ser significativo quando resulta da conjugação de um repertório de conhecimentos, que funcionam como referências para discussões, julgamentos, justificações, com os procedimentos básicos da produção filosófica: elaboração de conceitos, argumentação e problematização. Tomando posse deste repertório e dos requisitos da enunciação filosófica, os alunos podem ingressar em uma experiência reflexiva relevante: a passagem do heterogêneo ao homogêneo, do disperso ao uno, da variedade dos fatos, acontecimentos e opiniões a uma ordem de pensamento, lei ou estrutura que lhes permita a produção da inteligibilidade[41].

---

41   cf. LEBRUN, G. "Por que filósofo?". *Estudos CEBRAP*. nº 15, jan./fev./mar. 1976, p. 148 e ss.

No vasto e diversificado mundo da cultura, particularmente da cultura de consumo, hoje hegemônica, a contribuição da formação que vem do trabalho filosófico cifra-se na elaboração de diretrizes conceituais e de estilos de interrogação que permitem aos alunos adquirir meios de orientar-se no pensamento. Pois descobrir uma estrutura, organização ou configuração onde os fatos diversos se amontoam, repetem-se, substituem-se, reciclam-se é, por si só, uma afirmação do ideal de inteligibilidade. E, para isto, o mais importante é a compreensão do funcionamento dessas configurações[42].

A partir de uma sugestão de Deleuze, pode-se conceber o processo de aprendizagem comparando-o com o de um egiptólogo: um decifrador de signos. Aprender, diz ele, "é, de início, considerar uma matéria, um objeto, um ser, como se emitissem signos a serem decifrados, interpretados. Não existe aprendiz que não seja um 'egiptólogo' de alguma coisa. Alguém só se torna marceneiro tornando-se sensível aos signos da madeira, e médico tornando-se sensível aos signos da doença. A vocação é sempre uma predestinação com relação a signos. Tudo que nos ensina alguma coisa emite signos, todo ato de aprender é uma interpretação de signos ou de hieróglifos"[43]. A descoberta das configurações do pensamento, da lei que subjaz a uma matéria, a um acontecimento, é uma interpretação que só é possível pela faculdade que esta matéria ou acontecimento tem de emitir signos. A aprendizagem se dá, uma configuração de pensamento se monta, quando é instaurado um espaço de encontro com os signos, "espaço em que os pontos relevantes se retomam uns nos outros e em que a repetição se forma ao mesmo tempo em que se disfarça"[44]. Mas é preciso acentuar que a cultura de consumo se constitui de um acúmulo de signos, manifestando-se como *imagerie* em que a significação é, contudo, limitada, contida pelas expectativas de comunicação. Assim, imagina-se que os jovens,

---
42 Id. ib.
43 DELEUZE, G. *Proust e os signos*. Trad. bras. Rio de Janeiro: Forense-Universitária, 1987, p. 4.
44 DELEUZE, G. *Diferença e repetição*. Trad. bras. Luiz Orlandi e Roberto Machado. Rio de Janeiro: Graal, 1988, p. 54.

munidos de sistemas de referência e estilos de interrogação, tenham condições de liberar os signos dos seus usos sequestrados pelo imaginário e pela estrutura do consumo, deslocando-os das significações culturais cadastradas pelos consumos e legitimados pela forma mercadoria.

Contra a tendência natural dos jovens de tudo criticar de imediato, supostamente traduzindo com isto a força do desejo, o ensino de Filosofia pode contribuir para gerar as condições da criticidade. A crítica surge da capacidade de formular questões e objeções de modo organizado, sistematicamente. Mas a crítica não surge da organização ou da sistematização do imediato, dos fatos da experiência da, assim chamada, realidade, por uma passagem contínua da experiência, dos fatos e acontecimentos, ao saber. A crítica não se coaduna com a pressa, com a velocidade, o sucesso, a prospecção, o prazer; com o ganhar tempo, com a eficiência, com tudo isto que nos fala e em que freqüentemente nos afundamos. A crítica, sabe-se, suspende a realidade, para melhor vê-la. A crítica é uma *intervenção* na realidade; pelo menos neste domínio que nos diz respeito aqui e agora, na relação de educação e cultura.

Eis, então, uma posição quanto à ideia de formação *pela* Filosofia: a Filosofia gera condições, indiretas é claro, de intervenção na realidade, nos modos dos jovens se situarem face à multiplicidade e heterogeneidade dos problemas, fatos, acontecimentos com que estão envolvidos. *Intervir*, aqui, significa então descobrir o funcionamento e o sentido das configurações (ideológicas, míticas, religiosas, científicas, tecnológicas, artísticas); significa interrogar, formular questões e objeções. Para isto, reafirmando, os jovens utilizam os sistemas de referência constituídos no curso de Filosofia como uma experiência (acima de tudo, no que diz respeito aos processos enunciativos) que articula uma diversidade significativa de trabalhos filosóficos.

Intervir reflexivamente, hoje, significa fazer a crítica dos imaginários da cultura e do imaginário individual, da re-individualização consumista, de bens, sentimentos, doutrinas etc. Trata-se de produzir distinção entre formas e valores, entre modelação e formação, explorando o *atrito* da linguagem e do pensamento na experiência[45]. O exercício da dúvida e a produção de inferências, possibilitados pelos sistemas de referência constituídos com os alunos, exploram este *atrito* com recursos tanto da oralidade quanto da escrita, sempre articulando os processos do trabalho filosófico: elaboração conceitual, procedimentos argumentativos e problematização, isto é, análise das noções, justificação de um ponto de vista e discussão.

Se, a princípio, os interesses dos alunos estão fixados, dada a homogeneização efetuada na cultura, o trabalho educativo de *emancipação* que se espera da Filosofia está em inscrever, pragmaticamente, na sala de aula – acima de tudo na sala de aula –, tais processos fundamentais do processamento filosófico[46]. Visa-se, a partir disso, algo mais, se possível: inscrever a enunciação filosófica como um trabalho de elaboração do pensamento sobre o seu próprio sentido. Este sentido, contudo, é histórico e vivencial, pois, como diz Lyotard, quando interrogamos algum assunto, alguma matéria, algum objeto, somos por ele interrogados, pois em Filosofia não é possível expor uma questão sem nela se expor. Cultural, histórico, vivencial é o próprio pensamento, especialmente daquele que ensina, pois só aprendemos com aqueles que sabem emitir signos, propor gestos a serem desenvolvidos no heterogêneo[47]. A aprendizagem, no caso da Filosofia, mas não só neste caso, é a passagem viva de um ao outro, uma experiência que só é possível quando se instaura e determina um espaço de circulação dos signos: dos conhecimentos e dos afetos; das relações de força e da alteridade.

---

45 cf. FERRARA, Lucrécia D'Alessio. "Sala de aula: espaço de uma experiência". *Margem 2*, São Paulo: PUC-SP, nov. 1993, p. 124.
46 cf. LYOTARD, J.-F., op. cit. p. 122.
47 cf. DELEUZE, G. *Diferença e repetição*, p. 54.

Assim, a presença da Filosofia no currículo do ensino médio justifica-se pelo seu valor, historicamente consagrado, de formação. Cumpre, entretanto, esclarecer qual é a formação a que se refere quando pensada como uma disciplina educativa, ou seja, qual a sua contribuição específica para a efetivação dos objetivos gerais da educação de nível médio. Considera-se, sem dificuldade, que a Filosofia é requisito indispensável para a elaboração de referências que permitam a articulação entre os conhecimentos, a cultura, as linguagens e a experiência dos alunos.

Entretanto, face à multiplicidade de orientações em Filosofia não se pode tratá-la simplesmente como um corpo de saber já à disposição para ser transmitido. A proliferação de teorias e discursos, a diversidade e dispersão da atividade filosófica atual, exige que se fale em filosofias e não em Filosofia, genericamente. Assim, a primeira tarefa do professor de Filosofia é a de definir-se por uma determinada concepção de Filosofia que seja adequada para cumprir os objetivos educacionais da disciplina. Situar a Filosofia enquanto disciplina escolar no horizonte dos problemas contemporâneos – científicos, tecnológicos, ético-políticos, artísticos ou os decorrentes das transformações das linguagens e das modalidades e sistemas de comunicação –, implica uma tomada de posição para que a sua contribuição seja significativa, quanto aos conteúdos e processos cognitivos.

Se em Filosofia é difícil estabelecerem-se conteúdos básicos e mesmo métodos gerais, deve-se, contudo, garantir as condições mínimas da especificidade do trabalho filosófico. Isto requer do professor a determinação da orientação filosófica que seja estratégica para levar os alunos a apropriarem-se dos conteúdos, modos discursivos e procedimentos indispensáveis para abordarem problemas de natureza diversa. Portanto, a opção por um determinado conteúdo – seja ele diretamente situado ou não no conjunto dos temas e problemas da História da Filosofia – é simultânea à definição dos procedimentos que facultam a familiaridade dos alunos com conceitos, linguagens, técnicas de leitura e processos argumentativos, possibilitando-lhes o desenvolvimento do pensamento reflexivo.

Um trabalho específico de Filosofia no ensino médio resulta da conjugação de um repertório de conhecimentos, que funcionam como um sistema de referências para discussões, julgamentos, justificações e valorações, e de procedimentos básicos de análise, leitura e produção de textos. Tomando posse desse repertório de conhecimentos e constituindo uma *retórica*, isto é, desenvolvendo um sistema discursivo, o aluno pode passar da variedade dos fatos, acontecimentos, opiniões e ideias para o estado reflexivo do pensamento, para a atitude de discernimento que produz configurações de pensamento. É importante que ele compreenda como funcionam tais configurações, como elas supõem sempre uma lei interna, uma ordem constitutiva.

Esta é uma via produtiva para se entender com mais precisão o que genericamente é designado como o objetivo do ensino de Filosofia no ensino médio: desenvolvimento do pensamento crítico através da vinculação entre os conhecimentos filosóficos, a cultura e as vivências. Uma educação para a inteligibilidade supõe a constituição de um conjunto de referências, que pela articulação sistemática de conteúdos, linguagem e processos específicos de pensamento, permita aos alunos descobrir encadeamentos, estruturas, nos discursos de proveniência diversa, inclusive nos produzidos por eles mesmos. Evita-se, assim, que as aulas sejam preenchidas por discursos vazios, por simulacros de reflexão, ou então que se tornem lugares apenas para discussões e críticas vagas, indeterminadas. Educar para a inteligibilidade significa reafirmar que a crítica não vem antes das condições que a tornam possível. Portanto, se o desenvolvimento do pensamento crítico não provém de genéricas discussões de temas e problemas, não provém também de uma coleção de conceitos, doutrinas, problemas e textos. O pensamento reflexivo é fruto de uma aprendizagem significativa, que supõe o domínio e a posse dos procedimentos reflexivos e não apenas de conteúdos.

Qualquer que seja o assunto tratado, não se pode esquecer que a leitura filosófica retém o essencial da atividade filosófica. Uma leitura não é filosófica apenas porque os textos são filosóficos; pode-se ler textos filosóficos sem filosofar e ler filosoficamente textos jornalísticos, artísticos, políticos etc. Esta leitura não se caracteriza pela simples aplicação de metodologias de leitura e análise de texto, mas pela atenção aos pressupostos e subentendidos do texto, pela reconstrução de um imaginário oculto que ultrapassa a literalidade. A apreensão daquilo que o texto enuncia exige que se compreenda como se produzem os enunciados, os processos de enunciação.

A Filosofia, como disciplina de ensino, é um conjunto particular de conhecimentos com características próprias no que se refere a formação. Não é, entretanto, como diz o sentido latino da palavra *disciplina*, a instrução que o aluno recebe do mestre, nem guarda mais o sentido pedagógico de "ginástica intelectual", de disciplinamento da inteligência. Exercita, é certo, capacidades intelectuais, requerendo algumas habilidades; mas é, antes de tudo, uma disciplina cultural, pois a formação que propicia diz respeito à significação dos processos culturais e históricos. Na aula, na leitura de textos e nos exercícios operatórios de fixação de conceitos e técnicas argumentativas; nas discussões e elaboração de textos, é preciso levar em conta a qualidade dos conteúdos em relação às situações de aprendizagem. Tais práticas visam ao desenvolvimento de habilidades para construir e avaliar proposições, construir unidades de significação, produzir conjuntos sistematizados de conhecimentos que funcionem como produção teórica; isto é, como articulação entre concepções da realidade e experiência vivencial.

Portanto, o pensamento crítico não surge apenas das discussões sobre questões atinentes aos problemas culturais, históricos e vivenciais, pela simples confrontação de posições divergentes, nem da reprodução das soluções apresentadas pelo professor. A crítica surge da capacidade dos alunos em formular questões e objeções de maneira organizada, e o quanto possível rigorosa conceitualmente. A prática de intrigar os alunos, provocando-os para a dúvida, a produção de inferências e a articulação de teoria e experiência, é um procedimento pedagógico sempre necessário – tanto quanto o de gerar as condições de constituição da retórica, do discurso necessário para falar sobre algum assunto. A crítica não se estabelece como organização e sistematização imediata da realidade, como se houvesse uma passagem contínua da experiência, dos fatos, acontecimentos e ideias ao saber. A crítica, como processo reflexivo, não é um conhecimento expositivo, um saber positivo sobre o mundo e muito menos uma percepção: é uma interpretação, que exige perspectiva de análise, sistemas de referência e práticas discursivas adequadas.

Um programa de Filosofia para o ensino médio que atenda a estas proposições, é composto dos temas – recortados na tradição fixada como História da Filosofia ou no elenco das áreas filosóficas (ético-políticos, científicos, estéticos), referidos ou não a problemas imediatos (sociais, culturais, vivenciais). Qualquer recorte ou escolha implica evidentemente os interesses e a formação do professor, pois discutir um assunto implica ser interrogado por ele, expor-se nele. Mesmo quando o recorte privilegia o vivencial, é possível e necessário vincular os interesses dos alunos às questões e informações filosóficas imbricadas no tema, para não se perder a especificidade da abordagem filosófica. A articulação de problemas tipicamente filosóficos com aqueles que emergem da experiência individual, social e histórica, depende muito da formação cultural do professor e de sua habilidade em propor situações pedagógicas reflexivas. Depende muito também de sua versatilidade e prontidão para vincular o imaginário dos alunos – as suas opiniões, justificações, teorizações, ideias tomadas de empréstimo ou fruto de influências e que aparecem sob a forma de valores – às referências já constituídas ou em elaboração.

Considerando-se a flexibilidade dos conteúdos de Filosofia, não é, entretanto, descabido acentuar-se uma direção prioritária para a determinação de assuntos estratégicos para efetivar atualmente o valor formativo desta disciplina. Pode-se propô-la como um trabalho de articulação cultural, de pensar e repensar a cultura através das representações que as ciências, as comunicações, a tecnologia e a história fazem hoje do mundo e, particularmente, da realidade circundante. Esta posição implica a exploração do contato da filosofia com as demais disciplinas do currículo, para estender a experiência do conhecimento, suas articulações metodológicas e históricas. A abstração própria do trabalho filosófico não pode ser confundido com um trabalho pedagógico abstratizante, pois a atividade racional é dinâmica, traduzindo e retraduzindo continuamente as relações entre teorias e experiências vivenciais. O que pode se efetivado de modos diversos e que podem se compor: basicamente, seja elegendo no trabalho desenvolvido na disciplina escolar uma direção estritamente filosófica, que transpõe os conteúdos e modos do saber filosófico para o nível médio, em que a aprendizagem é um exercício pessoal a partir dos temas, problemas, conceitos e elaborados no transcurso histórico da filosofia; seja enfatizando procedimentos gerais de pensamento, entendidos como princípios metodológicos da atividade intelectual, como capacidades de análise e leitura, de técnicas de raciocínio e argumentação, de métodos de questionamento, problematização e expressão. A primeira enfatiza a constituição histórica do pensamento, mostrando como os problemas filosóficos vão se formulando nos filósofos, nos textos, de modo específico. A segunda enfatiza os procedimentos de pensamento que se encontram nos textos filosóficos, e também em outros, e que são condições essenciais para o exercício da reflexão. Nas duas posições é possível tomar-se a História da Filosofia como centro ou como referencial para a montagem de conteúdos de ensino. De modo que, através dessas ações os alunos possam encontrar condições para justificar escolhas, tomadas de posição, elaborar interpretações, enfim, transferir conhecimentos de uma dimensão a outra realidade, estabelecendo articulações entre e experiência, acedendo assim ao domínio da representação, isto é, da atividade intelectual. Podem, assim, deslocar-se da apreensão imediatista da realidade para uma posição esclarecida, efeito da criticidade.

ANEXO: NOTAS SOBRE O ENSINO DE FILOSOFIA*

Celso F. Favaretto[48]

Na situação contemporânea, talvez seja mais adequado se falar em filosofias, pois, face à sua dispersão, a Filosofia não mais se apresenta como um corpo de saber e, assim, não se propaga da mesma forma como um saber se transmite; isto é, apenas por aquisição. A atual disseminação da Filosofia – a mobilidade que muda de lugar o seu assunto – ao mesmo tempo que indicia uma certa perda de vigor no ensino escolar garante a sua vigência como requisito indispensável para a articulação de teorias e estratégias culturais, políticas, científicas, pedagógicas e artísticas. Esta crise da Filosofia, independentemente da perda de seu assunto instituído, provoca a sua valorização e o desenvolvimento de um novo estilo de filosofar. É exatamente isto que coloca dificuldades para o professor de Filosofia. Ensinar Filosofia: mas qual Filosofia? Em que consiste a especificidade do filosófico? E, se não há conteúdos básicos e métodos fixados, o que deve ser considerado o mínimo necessário para realizar uma suposta especificidade em termos de ensino? Assim, o professor de Filosofia (no 2° grau notadamente), para enfrentar as injunções de sua atividade, antes de definir-se por conteúdos, procedimentos e estratégias (o que deve ser ensinado?, o que pode ser ensinado?, como ensinar?) precisa definir para si mesmo o lugar de onde pensa

---

48   Celso Fernando Favaretto possui graduação em Filosofia pela Pontifícia Universidade Católica de Campinas (1968), mestrado em Filosofia pela Universidade de São Paulo (1978) e doutorado em Filosofia pela Universidade de São Paulo (1988), livre-docência pela Faculdade de Educação da USP (2004). Atualmente é professor efetivo aposentado da Universidade de São Paulo. Tem experiência na área de Filosofia, com ênfase em Estética, Educação e Ensino de Filosofia.

e fala. Neste sentido, pode-se dizer que o ensino de Filosofia vale o que vale o pensamento daquele que ensina[49].

A escolha do programa, por ser este necessariamente aberto, requer do professor a determinação clara da imagem de Filosofia que ele visa efetivar com os alunos. Portanto, não se trata apenas, e nem em primeiro lugar, da opção por conteúdos (informações, rede conceitual, problemas), mas daquilo que possa garantir a entrada nos procedimentos filosóficos; isto é, à produção da familiaridade com um modo de linguagem que articula fabricação de conceitos, argumentação, sistematicidade e significação. Qualquer programa provém de um recorte efetuado na tradição fixada como História da Filosofia, no elenco das áreas filosóficas, ou então em temas de natureza diversa – éticos, políticos, epistemológicos, estéticos, sacados dos desenvolvimentos filosóficos tradicionais e atuais. Todo recorte deve ser afeto, evidentemente, aos interesses e competência do professor, pois discutir um assunto implica ser interrogado por ele – o que é importante quando não se quer reduzir a Filosofia a um saber cadastrado. Mesmo quando o recorte privilegia o vivido, é possível fazer redução dos interesses dos alunos às questões filosóficas aí imbricadas, sem que o professor exclua a sua visada. Não se trata de forçar os temas, nem de parcialidade, mas de insistir-se na necessidade de se focalizar o que é relevante ser ensinado, tendo em vista aquele mínimo de especificidade filosófica. A articulação de problemas tipicamente filosóficos com questões emergentes da experiência (individual, social, histórica) depende diretamente da maneira como o professor pensa a situação cultural, em especial de sua habilidade para captar o imaginário dos alunos. Os valores, crenças, justificações, teorizações; os "eu acho que", liberados em conversas, discussões, redações, podem sempre permitir o acesso a problemas filosóficos, sem

---

49 MAUGÜÉ, Jean. "O ensino da filosofia: suas diretrizes". *Revista Brasileira de Filosofia*, v. V, fase. IV, n° 20, out./dez., 1955, p. 643. Sobre as ideias de Maugüé, o ensaio de ARANTES, Paulo Eduardo. "Certidão de nascimento". *Novos Estudos Cebrap*, n° 23, São Paulo, 1989, e em *Um departamento francês de ultramar*. São Paulo: Paz e Terra, 1994.

imprimir a inabilidade teórica ou a manifestação emocional dos alunos.

Algumas ideias de Gerard Lebrun são estratégias para a elaboração de uma concepção de ensino de Filosofia no enisno médio, voltada para a determinação do mínimo e do específico filosóficos, levando em conta o estágio de desenvolvimento psicológico e a inserção cultural dos adolescentes. Diz ele: "Nunca acreditei que um estudante pudesse orientar-se para a filosofia porque tivesse sede da verdade: a fórmula é vazia. É de outra coisa que o jovem tem necessidade: falar uma língua da segurança, instalar-se num vocabulário que se ajuste ao máximo às "dificuldades" (no sentido cartesiano), munir-se de um repertório de *topoi*, em suma, possuir uma retórica que lhe permitirá a todo instante denunciar a "ingenuidade" do "cientista" ou a "ideologia" de quem não pensa como ele. Qual melhor recurso se lhe apresenta senão tomar emprestado um discurso filosófico?".

Para reforçar a importância da constituição dessa "linguagem da segurança" e do "repertório de *topoi*", diz Lebrun, que os alunos, através da passagem pelos textos, conceitos e doutrinas filosóficas, aprendem a "marcar o sentido de todas as palavras", educando-se "para a *inteligibilidade*", pois "onde os ingênuos só vêem fatos diversos, acontecimentos amontoados", a filosofia permite discernir uma significação, uma estrutura. É por isto, diz Lebrun, que os jovens retiram "um prazer tão vivo" da atividade que lhes possibilita desenvolver o gosto em identificar o sentido das palavras, em descobrir "essências" e estruturas. Porque, continua, "até mesmo as crianças, (como) dizia Hegel, gostam de encontrar um encadeamento e uma conclusão nos contos. Descrever a filosofia como uma retórica consiste pois somente em comentar o ideal de inteligibilidade que ela difunde. Insistir na necessidade retórica a que responde para o adolescente ocidental não significa desprezá-la [...]. Filosofar consiste principalmente em expulsar o acaso, decifrar a todo custo uma legalidade sob o fortuito que se dá na superfície. Especificamente filosófico é o problema de compreender o funcionamento de uma configuração a partir de uma lei que lhe é infusa (é preciso que haja uma), conforme à ordem que se *exprime* nela (é preciso que haja uma) – quer se trate de compreender a possibilidade do juízo a partir da afinidade dos materiais sintáticos ou, de maneira mais desembaraçada, a sociedade feudal a partir dos moinhos de vento... Cada vez que a 'physis' da coisa contenha uma unificação *a priori* ou um encadeamento 'lógico', o filósofo triunfa"[50].

Veja-se que esta pode ser uma via produtiva para se precisar um objetivo tão difundido e mal compreendido do ensino de filosofia no ensino médio: desenvolvimento do pensamento crítico através da vinculação entre problemas vivenciais e problemas filosóficos. Educar para a inteligibilidade, contribuir para a constituição de uma retórica, de uma linguagem, implica submeter os interesses dos alunos a um tratamento que lhes permita descobrir os encadeamentos, a lei, a estrutura dos discursos por eles elaborados. Evita-se, assim, que as aulas sejam preenchidas pelo discurso vazio, geralmente do professor, por simulacros de reflexão, ou então se tornem apenas um lugar para se discutir, criticar etc. Pois, educar para a inteligibilidade significa reafirmar que a crítica não vem antes das condições que a tornam possível. Portanto, mínimo no ensino de filosofia não é, certamente, este ou aquele conjunto de tópicos, problemas ou partes da filosofia. Não é, também, uma coleção de conceitos, textos ou doutrinas. O que interessa é o foco do trabalho com os alunos: o que é preciso fazer para o desenvolvimento das condições de inteligibilidade?

Qualquer que seja o programa escolhido, não se pode esquecer que a leitura filosófica retém o essencial da atividade filosófica. É preciso acentuar, entretanto, que uma leitura não

---

50   LEBRUN, Gérard. "Por que filósofo?". *Estudos Cebrap*- 15. São Paulo: CEBRAP, 1976, p. 25. Incluído em LEBRUN, G. *A Filosofia e sua História* .Org. Carlos Alberto R. de Moura et al. São Paulo: Cosac Naify, 2006, p. 25.

é filosófica apenas porque os textos são filosóficos; pode-se ler textos filosóficos sem filosofar e ler textos artísticos, políticos, jornalísticos etc. filosoficamente. A leitura filosófica não se esgota na simples aplicações de metodologias de leitura; ela é um exercício de escuta, comparado à elaboração psicanalítica. O texto fala a partir da relação que se estabelece com ele: o que há nele, a linguagem nele articulada, não se manifesta senão quando a leitura funciona como elaboração, desdobrando os pressupostos e subentendidos do texto. Esse exercício, de paciência, permite que o leitor se transforme na leitura, pois interfere nos modos habituais da recepção[51]. A leitura como compreensão e interpretação é uma atividade produtiva que "reconstrói um imaginário oculto, sob a literalidade do texto"[52].

Em termos práticos, a conquista da inteligibilidade pelos alunos pode advir da proposição, pelo professor, de exercícios operatórios. Na leitura de textos, nas redações, nas discussões, na aquisição de uma determinada informação, na elaboração de um conceito, é preciso levar em conta a qualidade do conteúdo e a situação de aprendizagem. Em filosofia, os trabalhos operatórios visam ao desenvolvimento de habilidades em construir e avaliar proposições, em determinar os princípios subjacentes a elas, o que passa pelo sentido das palavras e pela atenção à cadeia sintática, pelo menos. O pensamento crítico não provém, portanto, da simples discussão, ou da confrontação de posições contrárias, ou da doação de soluções pelo professor. A crítica pode ser avaliada pela capacidade dos alunos em formular questões e objeções de maneira organizada, estruturada. A prática, sempre interessante, de intrigar os alunos, provocando-os para a dúvida, a produção de inferências e a articulação de experiência e teoria é útil, principalmente naquelas situações em que os alunos não têm condições de

---

51   LYOTARD, J.-F. *O pós-moderno explicado às crianças,* trad. Tereza Coelho. Lisboa: Dom Quixote, 1987, p. 121.
52   GRANGER, G. *Por um conhecimento filosófico.* trad. Constança M. Cesar e Lucy M. Cesar. Campinas: Papirus, 1989, p. 220.

aplicar imediatamente uma regra pelo exercício de uma retórica já desenvolvida. Explorar os trabalhos operatórios talvez seja o grande caminho do professor de filosofia.

Ainda, embora seja ocioso dizer: a filosofia deve ser considerada uma disciplina ao nível das demais. Como disciplina, é um conjunto específico de conhecimentos, com características próprias sobre ensino, formação etc. Não é, entretanto, como diz o sentido latino da palavra *disciplina* "a instrução que o aluno recebe do mestre"; não guarda mais o sentido de ginástica intelectual, de disciplinamento da inteligência; diz respeito, hoje, mais a ideia de exercício intelectual, mesmo que isto seja um tanto restritivo. Mas, como disciplina do currículo escolar, ela mescla conteúdo cultural, formação e exercício intelectual a partir de seus materiais, mecanismos e métodos, como qualquer outra disciplina. Não há razão, pois, para ser tratada como uma atividade fora das contingências do currículo.

Ensinar Filosofia enquanto disciplina escolar certamente implica determinar uma ordem de conhecimentos e práticas, que se inscrevem na própria história da filosofia. A busca dessa ordem dedica-se a especificar aquilo que na ação pedagógica é dimensionado como ensinável, embora tendo em vista que não de desdenhe o inensinável, este indeterminado da educação. O foco de atenção de cada disciplina, como se sabe, diz respeito ao que pode ser ensinado e aprendido (incluindo-se aí o como se aprende), enquanto processos pensados institucionalmente; isto é, a determinação do que pode e deve ser aprendido, tendo em vista as necessidades de formação e saber inscritos culturalmente e solicitados socialmente. Aquilo que se enuncia pela designação aula é um espaço em que se efetivam as condições da transmissibilidade: um trabalho que articula materiais e linguagens, conceitos e procedimentos, explicitando o que, já intrinsecamente na disciplina, é disposição para a transmissibilidade.

As ressalvas comumente feitas ao ensino de Filosofia no ensino médio quanto ao seu estatuto de disciplina; mais ainda, as suspeitas quanto à seriedade, em virtude das confusões e indefinições vigentes na maioria dos professores, não são infundadas, pois a recaída no mito da atividade é sempre iminente nestes tempos de rarefação intelectual, de diluição pedagógica e apressada crítica das instituições escolares. De fato, as práticas que privilegiam a atividade como núcleo e desenho das disciplinas consideram as experiências dos alunos, a vivência, como antídoto ao racionalismo e ao idealismo da pedagogia ilustrada. Nesta, como se sabe, o primado do método, da tenacidade e da autoridade servem à aspiração burguesa de progresso e emancipação, erigindo a educação em dispositivo do saber institucional, voltado ao cumprimento do programa de totalização da experiência. E se, neste caso, a unidade da experiência é tomada como pressuposto, naquele, em que os projetos privilegiam a atividade, o pressuposto é a dispersão da experiência moderna. Recaindo freqüentemente no espontaneísmo e no empirismo grosseiro, argumenta-se que, se as experiências cotidianas dos alunos são fragmentárias, o conhecimento produzido na escola deverá resultar de uma síntese delas. Assim, as disciplinas-atividades estabelecem-se como organização e sistematização da experiência imediata, e o conhecimento como resultante de uma passagem contínua e homogênea da experiência ao saber, e não como reflexão e crítica da experiência[53]. Ora, este procedimento, além de ainda postular uma totalização, às avessas, reivindicada freqüentemente como dialética, implica impropriedade quanto aos fundamentos da pesquisa e produção do saber, dificultando, simultaneamente a compreensão do sentido da experiência. Em Filosofia, por exemplo, o vivido só exerce o papel de objeto de conhecimento num primeiro nível, "interpretar o que o filósofo diz como um discurso sobre objetos – fatos e coisas –, é confundir o conhecimento que ele nos expõe com um saber positivo sobre o mundo que só, ou a percepção ou a ciência, cada uma a seu modo, podem apresentar-nos"[54].

---

53 CHAUÍ, M. "A reforma e o ensino". *Discurso*, n° 8, 1973, p. 152-154.
54 GRANGER, G. G., op. cit., p. 213.

O primado do ensino na prática institucional da escola implica que a aprendizagem seja compulsória, exatamente para validar a identidade da instituição, o espaço do homogêneo. Mas a ênfase no aprender abre o espaço da experimentação de ideias e ações; espaço heterogêneo onde o aluno se defronta com o desconhecido, com o estranho, dando vazão à insatisfação que é o fundamento do desejo de conhecer. Se o primado do ensino leva à ilusão de que aprender é a entrada num domínio de verdades constituídas, do qual o professor seria o decifrador privilegiado, a ênfase no aprender incita à produção. Daí a necessidade de se relativizar o valor exclusivo da experiência imediata dos alunos, pois se ela propõe os índices de um espaço heterogêneo de ação e pensamento, o que mais importa é que os alunos se apoderem dos signos fortes para dominar situações, estruturar e modificar a relação dos signos instituídos. O ensino torna-se, assim, processo de constituição do espaço de encontro dos signos, possibilitando que o aprender se desenvolva pela exploração do atrito da linguagem na experiência[55].

Se o ensino vive da ilusão de que é possível transmitir um corpo de conhecimentos sobre um determinado domínio, de certa forma expressando um real unificado, a aprendizagem vive da produção da inteligibilidade, da elaboração das leis de funcionamento de uma configuração, da ordem que se exprime nela. Face à multiplicidade e heterogeneidade dos signos, tal configuração nasce do embate das forças que agem no campo, e o conhecimento resulta da ruptura da força preponderante no interior das relações fixadas. Evidentemente, a experiência é importante neste processo, porque nela o aprendiz expõe-se nas questões que desenvolve, nas dúvidas que explicita, nas inferências que realiza. A experiência é o seu espaço de repetição, através do qual articula pontos relevantes, impõe

---

55 FERRARA, Lucrécia D'Alessio. "Paris, Rue de Tournon, n° 6". *Folhetim* 16/9/1984, p. 9; DELEUZE, Gilles. *Diferença e repetição*. trad. Luiz Orlandi e Robwerto Machado. Rio de Janeiro: Graal, 1988, p. 54.

relações, inscreve signos que propõem o trânsito entre experiência individual e representação social.

Eis por que é tão difícil dizer como alguém aprende: há uma familiaridade prática, inata ou adquirida, com os signos, que faz de toda educação alguma coisa amorosa, mas também mortal. Nada aprendemos com aquele que nos diz: "faça como eu". Nossos únicos mestres são aqueles que nos dizem "faça comigo" e que, em vez de nos propor gestos a serem reproduzidos, sabem emitir signos a serem desenvolvidos no heterogêneo"[56]. Nisto se reconhece a ação da Filosofia no ensino médio; não apresentar objetos para aprender, mas contribuir para que o espírito possível, à espera desde a infância, se realize assumindo a nossa prematuridade[57]. Não radicaria aí o valor formativo da Filosofia?

---

56 DELEUZE, G. Op. cit.
57 LYOTARD, J. F., op. cit., p. 34

LA ESCRITURA DE SÍ. TRADICIÓN, ACTUALIDAD Y SU IMPORTANCIA PARA LA FORMACIÓN HUMANA

Andrea Díaz Genis[58]

La escritura de sí o sobre sí, ha sido planteada como un ejercicio espiritual desde P. Hadot. Dicha "práctica" de la antigüedad, tiene sus reediciones(a veces en similares o diferentes formatos) tanto en la Edad Media, en el Renacimiento, en la Modernidad como la época contemporánea. ¿A qué le llamamos escritura de sí y cuáles son los principios a partir de los cuales se constituye esta práctica? Hablamos de que la escritura de sí incluye en un sentido amplio, a toda una serie de prácticas entendidas como "ejercicio espiritual" (P.Hadot) pero también podríamos nombrarlas como ejercicios éticos, existenciales o filosóficos (si no queremos llevar a la confusión con la palabra "espiritual"). Es aquella práctica o ejercicio que pretende transformar al sujeto en cierto sentido y a partir de una cierta forma de comprender el mundo o de cierta concepción de la Filosofía. Se trata de que para acceder a determinada verdad no basta con comprenderla racionalmente si no que hay que preparar al sujeto que busca esta verdad. Hay que transformar o convertir su mirada y su vida filosóficamente. Esta práctica o también "tecnología del yo" (como dice Foucault) que

---

[58] Andrea Marta Diaz Genis possui Pós-Doutorado pela Universidade Autónoma de Madrid, Espanha (2006). Doutorado em Filosofia pela Universidad Nacional Autónoma de Mexico (2006) e mestrado pela Universidad Veracruzana, México (2001). Experiência na área de Educação, com ênfase em Filosofia e História da Educação. Atualmente é Pesquisador Visitante na Universidade Estadual de Campinas. Coordenadora do Projeto Capes-UDELAR que iniciou-se em 2012 com continuidade até 2016.

llamamos "escritura de sí", tiene sus bases en los tres conceptos que definen la filosofía antigua, helenística y romana tal como la muestra P. Hadot y nos trae el último Foucault a partir de sus seminarios del Collége de France. Estos tres conceptos y diría principios de constitución de sí como sujetos éticos a partir de una vida filosófica son: la inquietud de sí, el autoconocimiento y el cuidado de sí que implica el cuidado de los otros. Es decir, la persona realiza una "escritura sobre sí mismo" como forma del cuidado y del autoconocimiento a partir de una inquietud de sí. Por usar ejemplos históricos, llamamos escritura de sí, en un sentido amplio, tanto el "examen de conciencia", ejercicio espiritual practicado en la filosofía helenística romana, a las Meditaciones de Marco Aurelio, a las Confesiones de San Agustín, a los Ensayos de Montaigne, a los Pensamientos de Pascal, a muchos de los Aforismos de Nietzsche que son formas de autoconocimiento a través de la escritura, a las Meditaciones de Descartes etc. La escritura de sí es una forma de autoconocimiento que pretende buscar una "vida buena" a través de una práctica o ejercicio de pensarse a sí mismo a través de la escritura (en muy diversos formatos y posibilidades). Por esto también podemos hablar de ejercicio ético o filosófico. En el mismo se presenta una especie de lucha del sujeto consigo mismo, que intenta a través de su propia inquietud, en solitario o en relación con un maestro, conocerse a sí mismo. Vayamos primeramente al ejercicio de "examen de conciencia" y otros que menciona el mismo Foucault en su libro Las Tecnologías del Yo (2000) como una de estos ejercicios fundamentales para la transformación de la subjetividad o lo que en un momento va a llamar "psicagogía". Foucault llama precisamente "tecnologías del yo" a aquello que "...permiten a los individuos efectuar, por cuenta propia o con ayuda de otros, cierto número de operaciones sobre el cuerpo y su alma, pensamientos, conducta, o cualquier forma de ser, obteniendo así una transformación de sí mismos con el fin de alcanzar cierto estado de felicidad, pureza, sabiduría o inmortalidad" (2000, p. 48). En este libro se habla de varias técnicas estoicas del yo que implican esta "escritura de sí": carta y revelación a los amigos y el examen de sí y de conciencia, que incluye la reflexión sobre lo que se ha hecho, lo que se debería haberse hecho y una comparación entre los dos. La tercera de estas técnicas o askesis, no son tanto una revelación del secreto del yo si no un recordar. Tanto para Platón como para los estoicos la verdad no está dentro de sí, si no fuera de sí, representada por un Logos y recordada por una serie de "logoi" que debo aprender y recordar y aplicar en mi vida. A través de estas tecnologías se produce nada menos que un proceso de "subjetivación" de la verdad, según Foucault. El examen de conciencia precisamente no me descubre, si no que recogen las diferencias, a partir de los "logoi" aprendidos, entre lo hecho y lo que debería haber hecho. Entonces askesis no es renuncia a sí mismo, como podría ser luego en el cristianismo, sino un proceso de autodominio, a partir, si se quiere, de una lucha consigo mismo y un aprendizaje arduo de conversión o transformación que supone ejercicios. La palabra griega, paraskeuaso, significa "estar preparado". Se trata de una serie de prácticas, técnicas y ejercicios que permiten transformar la verdad en regla de acción. Foucault habla de un proceso de mayor grado de subjetividad o diríamos también subjetivación. En cuanto a los llamados ejercicios espirituales, los hay imaginarios o intelectuales que les llamamos melete o meditatio (meditación) y los hay de aquellos que se aplican en la realidad, que llamamos gymnasia (el entrenarse a sí mismo) y una serie de posibilidades intermedias entre éstos. Es objetivo de los ejercicios de autoconocimiento tratar de vigilar las representaciones continuamente y conformar en definitiva un modo de vida y un modo de subjetividad acorde con una filosofía (ethos). Hay dos metáforas que expresan este tipo de cuidado, la del vigía y la del cambista. Se trata de que el vigía no acepte a nadie que no sea de la ciudad, esto es en términos de esta filosofía, vigilar las representaciones. Y la del cambista que es el que se fija o controla la autenticidad de la moneda. La idea es que debemos ser cambistas de nuestros pensamientos, prestándoles atención, verificándolos, percibiendo su valor etc. Vamos brevemente alguna caracterización del llamado "examen de conciencia" en el período helenísticoromano. Séneca para describirlo usa un lenguaje jurídico en donde uno mismo se desdobla en juez y acusado. Pero si uno lo ve más de cerca, nos dice Foucault (2000) tiene más que ver con el lenguaje de la administración, como cuando un arquitecto controla sus obras, o un contador sus cuentas. El examen de sí es la adquisición de un bien, en este sentido las faltas son simplemente buenas intenciones que no se han cumplido. No se trata de la "confesión" de un pecado, o la búsqueda de lo malo que hay en mí. Séneca es un "administrador de bienes" que se preocupa que todo haya seguido la regla. No se trata de descubrir una verdad, si no de recordarla y de ver si esta ha sido llevada a la práctica.

Veamos brevemente el caso de Marco Aurelio y sus Meditaciones

En su libro La ciudadela interior (2013) Pierre Hadot nos advierte que las Meditaciones de Marco Aurelio han sido muchas veces mal interpretadas. Ellas deben ser entendidas en el contexto de una filosofía entendida como ejercicio espiritual. En este escrito Marco Aurelio nos dice Hadot, escribe para sí mismo en el día y en la noche. Sus repeticiones por ejemplo, no deben entenderse como la exposición de una doctrina, o de una verdad de su pensamiento. Sino como una especie de "inductores" que deben reactivar una serie de prácticas que no es necesario que detalle, pues está escribiendo efectivamente para sí mismo. Si lo importante para la vida estoica, es controlar los juicios y las representaciones para alcanzar la bien ponderada "tranquilidad del alma", toda la vida del individuo, su propia felicidad va a depender de este trabajo sobre sí que implican o demuestran las Meditaciones de Marco Aurelio. Así como las lecciones de los filósofos antiguos, según Hadot deben ser entendidas desde el punto de vista formativo, a partir de la intención de modificar el discurso interior de los interlocutores, debemos ver que hay toda una "terapéutica de la palabra" en Marco Aurelio, dirigida a sí mismo que tiene esta misma intención. Corremos el riesgo de adormecernos y apagarnos, si no repetimos una y otra vez las enseñanzas aprendidas que nos ayudan a vivir mejor. La acción de escribir, es una forma de ejercicio que tenemos "a mano" para no olvidar las verdades aprendidas, pero también para hacerlas carne, para reactualizarlas, para ponerlas en tensión y superación continua, en movimiento. La escritura de sí mismo no es sólo un ejercicio solitario, es la presencia de mí mismo/a ante mí misma/a, pero también ante otros. Frente a los aconteceres de la vida, el azar, o lo que no puede ser de otro modo, el que debe cambiar es el sujeto que mira y representa. Uno debe obligarse a sí mismo a cambiar de punto de vista, o debe "luchar consigo mismo" continuamente. Hay un yo, nos dice Hadot, que está determinado por el destino, pero hay otro que es elevado por encima del destino, dado que puede ser el principio director que accede al cambio de mirada, a la subjetivación de un proceso convertido en ethos. El verdadero yo de Marco Aurelio, es la posibilidad de ajustar o acordar su propio yo mínimo, sujeto a las vicisitudes del destino, al Logos o a la Naturaleza universal. Tenemos ante nosotros, a través de esta obra, a Marco Aurelio, gran emperador, pero a la vez un filósofo, tal como se entendía en la antigüedad, capaz de criticarse a sí mismo y retomar incesantemente la tarea de exhortarse, persuadirse, buscar caminos para encontrar una vida que lo haga feliz y le permita vivir bien. La escritura de sí mismo, en este sentido es un instrumento que le permite vivir con lucidez, con conciencia, que le permite, a partir de su propia inquietud, conocerse y cuidarse.

Vayamos ahora brevemente a otro gran ejemplo de la escritura de sí en el Renacimiento que es Montaigne. Montaigne, si bien es un filósofo literato del siglo XVI, a partir de toda esta tradición retomada por P. Hadot y el último Foucault, podríamos decir que se ha convertido en un filósofo de la actualidad. Hay un libro que ha ayudado también en este destino, que un gran ensayo sobre Montaigne titulado "Cómo Vivir o Una vida con Montaigne, en una pregunta y veinte intentos de respuestas" de Sara Bakewell(2011). Más allá de este libro y otros que han vuelto actual el pensamiento de Montaigne, nos encontramos hoy día con un boom de reediciones de sus Ensayos en Francia y en otros países. Y de escritos sobre el autor que lo recuperan finalmente para la Filosofía y no sólo para la Literatura. ¿Qué sucedió? Precisamente lo que sucedió es que nos encontramos frente al fenómeno de volver a entender- muy probablemente a partir del impulso de P Hadot y de M. Foucault-que la Filosofía puede ser comprendida y valorada también como forma de vida y ejercicio espiritual. En este sentido, los Ensayos de Montaigne entran perfectamente en la tradición que toman a la Filosofía en este sentido, como conversión del sujeto para obtener a través de ello una mejor vida.

En cierto momento de su acontecer, Montaigne, siendo aún muy joven (38 años) se retiró a su Castillo para poder sentirse libre para reflexionar escribir y estudiar. Allí pensó y modeló durante años sus Ensayos que le darán un renombre universal a la vez que "inventaba" un género literario que es una parte esencial de nuestro patrimonio cultural. ¿Pero cuál es la materia de estos Ensayos? Nosotros sabemos que la definición de Ensayo precisamente remite a una serie de argumentos en los que, a través una prosa libre, un autor habla sobre diferentes temas. Algunos incluso hablan del ensayo como la forma en que desde el no saber o desde un saber de ignorancia o incompleto, podemos sentirnos libres para probar distintas respuestas sobre un asunto determinado. Pero no se trata sólo de esto. En Montaigne el ensayo es una forma de inquietud, cuidado y autoconocimiento. Es el resultado de una herencia de siglos, donde la escritura de sí mismo es un medio fundamental para el autoconocimiento. Cualquiera hubiera dicho, viendo en retrospectiva, que iba de suyo que esta tradición de escritura de sí como ejercicio espiritual iba a terminar en la invención ensayo. Ahora, en Montaigne, de acuerdo con esta tradición a la que responde, el punto de comienzo y termino del ensayo, el medio y el fin, su materia y su forma están envueltos en una decisión existencial, la de conocerse y cuidarse a sí mismo, a partir de una material principal de búsqueda que es su ser mismo.

Nos dice Montaigne con extraordinaria franqueza: "No busco otro fin que descubrirme a mí mismo". Dentro de la tradición de la inquietud, el conocimiento de sí y el cuidado, el amante y lector de Séneca y Plutarco sigue sus consejos a través de una escritura de sí mismo que es también una forma de terapéutica.

Sigue los consejos de la tradición del cuidado de la Filosofía, sin intenciones librescas y eruditas (a pesar de su inmejorable educación en estos temas). No se trata de citar por citar, no se trata de memorizar, sino de vivir, de usar los preceptos de los sabios, para tener una mejor vida. De ejercitarse en la filosofía, para tener una vida buena. A la vez que este designio se realiza, tenemos un filósofo, un pensador y un exquisito escritor que medita sobre las costumbres e ideales de una época. Un pensador sabio, en donde toda materia que es humana no le es ajena y aparece discutida y profundizada. Un escéptico que había puesto una serie de inscripciones, frases sabias para recordar, "logoi" en su lugar de retiro, teniendo como la principal aquella pregunta que dice ¿Que sais je? "¿Qué sé yo". Desde esta clave escéptica, en la que no creo ni pretendo saber nada, lo ensayo todo y voy dando respuesta no conclusiva a la complejidad humana.

Imaginemos un momento, a Montaigne, en un lugar càlido (frente a una estufa probablemente), pero a la vez austero, con una gran Biblioteca, en una especie de retiro espiritual en su propia casa, habiendo conquistado para sí un "cuarto propio" como dice Virgina Woolf, en la soledad, con sus libros, sus pensamientos y lo más importante, la materia principal de su investigación, él mismo. Es a la vez que una imagen poética, íntima, que tiene algo de disfrute, de libertad, de espacio para la creatividad, pero también una imagen de compromiso con el ideal de forjarse a sí mismo, mejorarse a partir de la escritura que tiene como fin el autoconocimiento. Hay un universo más que insondable en el sí mismo que pretendo conocer. Conociéndome, conozco al mundo, a los otros, pues nada de lo humano me es ajeno. El universo de un sujeto representa al mundo (cuando en el Siglo XVII René Descartes se pone a meditar, dice que es un método para sí, pero en realidad sabe que la razón está repartida, y lo que él hace no es sólo para sí, sino que es un método universal). Conociéndome conozco una época, sus costumbres, un enfoque, un ángulo desde el cual se mira el mundo. Pero también conozco la continuidad de una tradición terapéutica de la Filosofía entendida como ejercicio espiritual y forma de vida que se reactualiza en Montaigne y en el Renacimiento. Mirarse a sí mismo, es también mirar un universo que nos es común, pero también al mirarlo desde una perspectiva particular, un ángulo único e irrepetible donde los acontecimientos se viven de una manera personal. Es descubrir el universo de una interioridad y de un tiempo. Dar cuenta entonces, de esta manera personal pero a la vez épocal de cómo un proceso de autoconocimiento, inquietud y cuidado, forma la trama desde la cual se tejen estos ensayos. Montaigne decide realizar este acto de escribirse a sí mismo en una soledad llena de otros, desde donde puede ser él mismo y a partir de las sentencias que dan forma a la idea de que la Filosofía ayuda a vivir (sobre todo las de Séneca y Plutarco). Si bien partía de un escepticismo que todo lo pone en duda, no por ello deja de ser a la vez también estoico y epicúreo. En cierto sentido, un ecléctico, un pragmatista, pues para cada situación de su vida, Montaigne reactualizaba y reinventaba una filosofía que le sea acorde y conveniente al momento que estaba viviendo y le ayudar a vivir sin desasosiego y con felicidad. Esta es una manera de verlo, otros hablan de que comenzó siendo estoico, luego se convirtió (sobre todo a partir del segundo libro) en escéptico y termino sus días como epicúreo.

Es evidente que en un breve escrito como es éste no puedo dar cuenta del tipo de escritura de sí mismo que es la montaigniana ni lo pretendo. Pero, dado que estamos pensando estos temas desde un interés en la formación humana, nos gustaría destacar algunos aspectos de la defensa que Montaigne hace de la filosofía entendida como forma de vida a partir de la importancia que precisamente le da a la educación. Me voy a referir brevemente a alguna de sus ideas del libro I capítulo XXV titulado "La educación de los hijos".

Ocurre que para Montaigne no hay tema más importante y más serio que la educación de los hijos. En el texto "sobre la educación de los hijos", Montaigne además de destacar la importancia de la educación socrática y de no repetir los conocimientos sino apropiarse de las cosas en su sentido más central, destaca la importancia de la educación filosófica para los niños. No se trata de tener un cúmulo de conocimientos, saber de memoria, saberes aplastantes, si no de saberes para la vida. No quiere seguir una autoridad si no de educar el juicio. Contra la educación memorística, repetitiva sin creatividad, lo que debe apropiarse el individuo o debería apropiarse es del espíritu de los filósofos. También educar la mente tanto como el cuerpo. Llegado a este punto, es interesante la idea de la Filosofía de la cual participa que responde a la tradición de la que veníamos hablando. Sobre la educación de nuestros hijos dice: "que los primeros discursos que debe infiltrarse en nuestro entendimiento… los que enseñan a conocerse, a bien vivir y a bien morir". En cuanto a la Filosofía dice que debe verse en el rostro y en el cuerpo: "La filosofía no pregona sino la fiesta y tiempo apacible" (2010, p. 38). "La filosofía, cuya misión es serenar las tempestades del alma; enseñar a resistir las fiebres y el hambre con sonrisas, no por ejercicios imaginarios, sino por razones naturales y palpables" (p. 39). En definitiva el saber está en función de la mejora de la vida, de la construcción de una vida feliz, de ahí la importancia de la filosofía desde la niñez. Como dice Séneca, que también cita Montaigne no se nos instruye para la escuela si no para la vida. Pensar y obrar rectamente, enseñar los elementos para una vida buena. En este sentido la escritura de sí mismo ocupa un lugar central. Es el ejercicio por excelencia de la búsqueda de sí mismo a través de la inquietud de sí. Se trata de un ejercicio de la filosofía que tiene como objetivo central la vida buena, que pasa por este autoconocimiento, por la idea del buen vivir, por la importancia de buscar la sabiduría.

Concluyendo

Podemos seguir enumerando casos de escritura de sí que vinculan el autoconocimiento en relación a la inquietud y al cuidado de sí, a partir de una concepción de la filosofía como formación del género humano. Pensarse a sí mismo, apropiarse de los conocimientos, crear o aumentar el ser, implica el valor de pensarse a sí mismo, criticarse, cuestionarse, superarse. Generar un proceso de subjetivación, donde los conocimientos y las experiencias, son medios para el autoconocimiento y del crecimiento como personas. Nietzsche hablaba de este mismo tema cuando decía "Tú no eres nada de lo que ahora haces, nada de lo que ahora opinas, nada de lo que ahora deseas" (2011, p. 750). Se trata no de descubrir una subjetividad, sino de crearla, de construirla y reconstruirla y descontruirla, de aumentarla y reducirla, de "ficcionalizarla" generando este hilo conductor, donde el sujeto se apropia significativamente de su propia vida. La vida transcurre, pero la hago mía, marca de personalidad y de mi manera particular de estar en el mundo. De alguna manera, siguiendo los conceptos de la hermenéutica gadameriana, en el proceso de subjetivación que implica la escritura de sí, me apropio de mi mundo, lo creo y recreo, construyo este "horizonte", este ángulo de mira y de vivencia desde donde me abro al mundo, apropiándome y recreando con ello tradiciones y superándolas. Lo mismo ocurre con los conocimientos. La escritura de sí mismo es el puente que une la vida y el conocimiento como apropiación subjetiva. Forma parte de la formación del género humano vivir una vida pensada y examinada como decía Sócrates. Pensarse a sí mismo, conocerse a sí mismo para mejorar. Una manera de filosofar íntima y a la vez pública, que implica una radical transformación de sí mismo en la misma medida que ocurre la apropiación del sujeto de su propio destino, es la escritura de sí. Escribo sobre mí mismo porque quiero ser mejor, no sólo porque me gusta pensarme (hay un placer en pensarse también, además de una exigencia) sino también porque crezco pensándome. Escribiéndome, me conozco, al conocerme puedo vivir la vida de una manera consiente y lúcida.

Escribo para mí, pero también otros, otros interlocutores, otros lectores, como testigos, aprendices y o maestros de mi propia vida. Escribo para mí mismo y para los otros, porque escribiéndome puedo mejorar y con ello puedo mejorar la vida de los otros a mi alrededor. Mejorarme no es sólo un bien para mí mismo sino también para la humanidad. Escribiéndome, también establezco esta lucha conmigo mismo y recuerdo los pensamientos que me permiten ser mejor, me examino para cortar o reducir lo que está mal, construir y "descontruir" y potenciar aquello que me hace mejor. Para pensar las cosas de otro modo, o de diferente manera, para cuestionarme o tratar de aceptar lo que no puede ser de otro modo. Para filosofar, pues filosofar es aprender a vivir y a morir. Reactualizo con ello una tradición que pensamos, no debe ser olvidada, que enseña que la Filosofía es patrimonio de la Humanidad y tiene mucho para darnos, mucho más que el ser una materia difícil, oscura, teórica y útil para unos pocos. En definitiva, se nos presente como el momento lúcido desde donde la Humanidad se ha pensado a sí mismo, para buscar respuestas que nos lleven a una vida buena, a partir de la formación y autoformación.

Como decía los estoicos, también es tarea política de suprema importancia, la tarea de la mejora de la humanidad. Esta "política filosófica" entiende que el examen y el autoexamen es arte de vida, potenciación de lo humano. Una pregunta lanzo a los lectores o escuchas, ¿acaso no deberíamos rescatar la escritura de sí mismo como una forma valiosa de autoformación y examen de sí mismo, ante sí mismo? ¿Una "tecnología del yo" que puede ser también medio para conversar y discutir con otros a partir de un proceso de autoformación continua? Y desde una definición más amplia de formación del género humano no circunscrita a la sólo acumulación de saberes y formación en competencias cognitivas y o académicas. No alcanza con esto. Ya lo sabemos. Estamos y estuvimos en crisis. La crisis que vivimos hoy no es sólo crisis educativa, es una crisis de la condición humana como humana. Lo que está puesto en juicio y lo que muestra "insuficiencias" por doquier, es la propia condición humana sobre la tierra junto a los demás seres vivos. Lo que está puesto en cuestión es un modelo de vida y de desarrollo que genera injusticia, infelicidad, sin sentido.

Educar, formar a lo humano no es sólo darle herramientas cognitivas y conocimientos académicos. Digo no lo es sólo, lo es también. Formar lo humano es el más alto destino de la humanidad y la labor más compleja e importante. No basta con el desarrollo de la inteligencia académica. Hay que hacernos mejores personas. No es que tenga yo las respuestas para semejante desafío, pero lo cierto es que hay que iniciar o reiniciar cada vez procesos de humanización que nos mejoren a nosotros mismos con nosotros mismos y en la comunidad. Mucho nos enseña sobre esto, la escritura de sí mismo y esta relectura de la filosofía en clave formativa y terapéutica.

REFERENCIAS

Foucault, Michel: *Tecnología del Yo. Y otros textos afines.* Barcelona, Tecnos, 2000.

Foucault, Michel: *La Hermenéutica del Sujeto.* México, FCE, 2006.

Hadot Pierre: *La ciudadela interior.* Barcelona. Alpha Decay, 2013.

Marco Aurelio: *Meditaciones*, Madrid, Gredos, 2010.

Montaigne M.: *Ensayos*. Madrid, Cátedra, 2004.

SOBRE O LIVRO
Tiragem: 1000
Formato: 14 x 21 cm
Mancha: 10 x 17 cm
Tipologia: Times New Roman 10,5/12/16/18
    Arial 7,5/8/9
Papel: Pólen 80 g (miolo)
Royal Supremo 250 g (capa)